JN063886

# 仕事と賃金のルール

## 「働き方改革」の社会的対話に向けて

石田光男 Mitsuo Ishida

法律文化社

# はじめに

　今，時代は「改革の時代」である。しかし，私は改革の処方箋を書くことを一貫して避けてきた研究者である。

　何故，改革への発言を忌避してきたのか。それは改革それ自体より，改革の前提になる事実関係を体系的に認識することに関心がどうしても傾きがちになるからであった。雇用が私たちの生活にとって重要であることは改めていうまでもない。雇用なしで生活が成り立つ人はごく少数の有産階級の人だけである。しかし，雇用は「働いて賃金を得る」というごく日常的で個人的な体験的事象であるために，経験は語り尽くせないほどの内容をたたえているけれど，個々の経験を超えてひとたびこれを体系的に語ろうとするとたちまち厄介なことになる。この厄介さをどう処理したらよいのか。

　個人的な経験論を越えた事実の重視，「1オンスの事実は1トンの理論に値する」（Edwards, 2003, p.30）といえるような事実の重視，その精神で行われた事例調査の蓄積を度外視しては体系的認識に辿り着くことは，少なくとも私の場合ついにできなかった。私の研究（石田, 2018a）は，だから，事例調査を通じた事実の記述にほぼすべて費やされてきたといっても過言ではない。

　このような事実重視の私の研究の目的は，ただ一つ，日本の雇用関係とは何かが自分なりに「よくわかる」ことであった。実際にこれまで公表してきた論文や著書で，その都度，どのように「わかった」のかを書いてきたのだが，それも今となってはあちこちに散在したままである。そこで，石田がどのような「わかり方をした」の

かを，はじめて 1 冊にまとめたものが本書である。

　私の「わかり方」は国際比較を度外視してはあり得なかった。本書は，日英米の国際比較調査を通じて浮かび上がる，日英米の賃金と仕事のルール，「仕事と賃金」の交換関係としての雇用関係のルールの特性をできるだけ具体的に述べる。英米との比較を通じてはじめて浮かび上がる日本を語りたい。そのためには，私自身が行った1970年代末から今日までの事例調査での発見を語るという形式をとらざるを得ない。そうしないと私の賃金や仕事のルールの「わかり方」を表現できないからである。

　それぞれの時代の，日英米それぞれの国の事例調査であるから，どうしても多くの不備は免れない。例えば，賃金なら賃金のルールの，仕事なら仕事のルールの同時代の国際比較にはなっていない。また特に産業を同一にした国際比較にもなっていない。さらに，調査は大企業中心で中小企業や非正規雇用の世界までには及んでいない。本書では，可能な範囲でこの不備を文献的に補う努力はしているが，あくまでも，力点は個別の調査での私自身の驚きと気付きを読者に共感していただくことに置いている。

　さて，本書のタイトルは「仕事と賃金のルール」と仕事が先になっているが，本文は第 I 部が「賃金のルール」，第 II 部が「仕事のルール」の順となっている。この順番の相違には少しわけがある。著者の研究の足取りは，80年代前半から半ばにかけてまずわかりやすい「賃金のルール」の調査からはじめられた。そこでは英国の「賃金のルール」と日本の「賃金のルール」の目覚ましい相違に驚き，またそれと同時に，日本の1980年代までの経済的躍進の根本原因が日本の「賃金のルール」の特性にあるという発見の中で「ああこれで日本がわかった」という自己満足に浸っていた。

　しかし，80年代後半から90年代にかけて自動車産業を中心とする

日米貿易摩擦が国際的問題となり，そこでは生産性や品質の日米間の格差の解明が問われるようになり，日本の自動車企業と米国の自動車企業の組立工場の比較調査を実施した。だが，「賃金のルール」を核心とする人事報酬制度からの接近では，この課題に迫れないことが明白となり調査は失敗を繰り返した。

　考えてみれば，「仕事」をしたその見返りが「賃金」であるから，賃金のルールの相違の裏側，つまり仕事の側に賃金のルールの相違をもたらす根拠があるはずであり，生産性や品質の向上の国別相違の比較調査は，それぞれの国の仕事の側の相違が判別できる方法をもたずには不可能である。この方法をもつためには「賃金のルール」に匹敵するような「仕事のルール」としての突き詰めた方法的考究が必要になる。第Ⅱ部の「仕事のルール」はその成果である。

　このようなわけで，書名は，私の研究の到達点（成果）としての「仕事のルール」を先に，そしてその理解に至るまで（ため）に必要であった道程である「賃金のルール」を後に置いた。しかし，本文では「賃金のルール」を先に，「仕事のルール」は後に置いている。これは，私がどのように日本の雇用関係を「わかる」ようになっていったかの足取りに従って本論を展開することが，読者諸氏にもその理解と納得の過程を共感いただけると思ったからである。

　そして最後に，第Ⅲ部は，そのようにして「わかった」日本の雇用関係の特質を踏まえて，今後の日本の雇用関係の改革について語る。

　この本が，私たちの国の雇用関係が何であるのかを読者自身が自ら考えるきっかけとなることができれば幸いである。


　2023年7月

著　　者

# 仕事と賃金のルール
## ——「働き方改革」の社会的対話に向けて——

目　　次

はじめに

第Ⅱ部　仕事のルール

# 序 雇用関係を研究するということ

## 1 「働き方改革」の不思議

### 「改革」の骨子

「働き方改革関連法」として総称されている2019年4月より施行の法律改正は，具体的には，労働基準法，パートタイム労働法，労働者派遣法，労働契約法等を柱とした八つの法律改正を指している。その改革のポイントは，第一に，長時間労働の是正である。残業時間の上限設定と残業の割増率の増加，「勤務間インターバル制度の導入促進」が努力義務とされ，また，使用者に従業員に対して年休取得の時季を指定して取得させることを義務づけた[1]。

第二は，多様で柔軟な働き方の助長である。高度プロフェッショナル制度の導入がその具体化である。本人同意もしくは労使委員会の5分の4以上の多数の議決を前提に，「高度な専門的知識を必要とする等の業務に従事し」「一定の年収要件（少なくとも1,075万円以上）を満たす労働者」は，1日8時間，1週40時間の法定労働時間や時間外・休日割増賃金等の規定を適用除外とする制度である。労働時間と仕事の成果との関連が薄まっている仕事の変化を反映した制度改革である。

第三は，「同一労働同一賃金」の推進である。次の三点が重要で

ある。（ア）正規雇用労働者と非正規雇用労働者との間の不合理な待遇差を解消するための法規定の整備，（イ）非正規雇用労働者に対する待遇に関する事業主の説明の義務化，（ウ）上記二点についての行政による裁判所外紛争解決手続の整備。この法改正の目的は「我が国が目指す同一労働同一賃金の実現」であるという（「短時間・有期雇用労働者及び派遣労働者に対する不合理な待遇の禁止等に関する指針」平成30年12月28日告示）。

## 不可思議な「改革」

　少なくとも長時間労働の是正と「不合理な待遇」格差の是正は，本来は労働運動が達成すべき課題であるが，それを労働運動の代表とはいえない政権与党が「改革」の先導役になるという事態は先進諸外国からみると不思議な現象であるに違いない。率直にいって，先進諸外国の「働き方改革」は，企業が期待するようには「働いてくれない」労働者の存在が労働問題の本質であり，その解決が改革であるのに対して，日本では「働き過ぎ」てしまう労働者の存在が労働問題の本質であって，その解決を立法措置によって国を挙げて取り組まなくてはならない日本という国柄の不可思議さがここにはある。欧米諸外国の企業経営からみれば，日本の企業経営は垂涎の的のような労働を実は手にしてきたのであって，企業経営の立場からすれば，「改革」は労使自治に対する迷惑な国家介入であるという不満がくすぶるのも一理あるといえる。

　だが，この不可思議さは，より立ち入った解読を待っているのではないか。「改革」を労使自治に任せておいたのでは，ワークライフバランスの歪み，社会的不平等の拡大，デフレからの脱却の困難というマクロ的な社会経済問題から抜け出せないという判断に立つ

ものである。かつて80年代まであれほどに世界の賞賛の的であった協調的労使関係＝労使自治に対する疑念や不満が，過ぐる30年間にいかに日本社会に深く浸透したかを物語っているのではないか。

時代は変わったのである。「働き方改革」は，戦後日本の雇用関係の活力に対するまじめな反省を迫る「改革」であり，活力の源泉であった企業社会が自ら変わる選択ができるかどうかを厳しく問いかける「改革」である。かつての企業の活力の源泉であった労使自治を毀損しかねない「改革」を，社会の便益のために企業が進んで選び取ることができるかどうかという意味において，「新しい資本主義」の可能性を試す試金石になる「改革」である。

無論，法政策はけっしてそれほど大げさな「改革」を求めていないし，労使当事者も法的コンプライアンスを維持する最小限の改革を探るのが無難であると考えるのが自然である。

だが，本当にそれでよいのか。また，本当にそれで済まされるのか。

## 「改革」の原動力の新しさ

日本の雇用関係は，簡単にいえば，働き方に特段の制約を課さずに全力で仕事に取り組むことと引き換えに，解雇はできるだけ避け，人を育成し，頑張りに見合った報酬を支払うという交換関係である。こうした取引特性を反映して，労働組合の労働時間規制の努力も，誤解を恐れずにいえば，究極的には上司から部下に対する明示的もしくは黙示的な指揮命令が貫徹する，限りなく経営主導の決定に対して，緩やかな集団的な枠をはめる域を出られなかった（石田・寺井，2012）。労働時間の規制に対して労働組合が微温的態度であるのは，労働給付への規制が，常に規制を償うに足る生産性の向

上を保証する「話し合い」にならざるを得ないからである。生産性の向上があってこそ労働時間の制限が可能になるという暗黙の労使合意への批判者たる者は，「企業中心主義的社会」(corporate-centered society, A. Gordon, 1998)の規範への批判者，簡単にいえば左翼というイデオロギー的レッテルを付与されることから免れることはできなかった。戦後のそういう「企業中心主義的社会」の時代に私たちは猛烈社員としての生き方を選択してきた。

　この点に関わって注目すべきは，今次の「働き方」改革の社会的原動力が，脱イデオロギー的な性格であることである。簡単にいえば企業中心主義に反抗する左翼的主張では全くない。女性の活躍できる職場の実現という目標に表現されているように，その主張は日本の労使関係のイデオロギー性をすべからく脱した要求であるだけに，さりげなくも抗いがたい質量をもっている。「子どもの保育園への送り迎えができなくて困ります」という家庭生活のごくありふれた要望に企業が拒絶をもって応じることは，「企業中心主義的社会」規範への左翼的イデオロギーによる批判に対する峻拒に比べて，はるかに困難である。人間として恥ずかしいからである。

　生活のニーズにもっぱら立脚した要求の脱イデオロギー性は，新しい時代を覆う精神であり，「働き方改革」の進展の静かであっても持続的な動力源になっている。

　しかし，日本の雇用関係がまじめな反省を迫られていると述べたが，そもそも雇用関係とは何であり，その日本的特質はどのように認識できるのだろうか。少し遠回りになるけれど確かな根拠に基づく議論をするためには避けられない課題である。

## 2 雇用関係研究の方法<sup>(2)</sup>

### 方法なき雇用関係研究

「はじめに」で，雇用は「働いて賃金を得る」というごく日常的で個人的な体験的事象であるために，語り尽くせないほどの内容をたたえているけれど，個々の経験論を超えてひとたびこれを体系的に語ろうとするとたちまち厄介なことになると述べた。雇用関係の研究対象は自明といってよいほど明瞭であるが，それへの接近方法が経済学や法学とどう違うのかは第二次世界大戦後まで明らかではなかった（以下，雇用関係と労使関係とは同義語として使用されている）。Kaufman（1993）は言う。「雇用関係の研究と言っても，あるいはそこから生ずる労働問題の研究と言ってみても，既存の他の学問の知見や理論にほとんど依存していて労使関係固有の知見や理論的枠組みは存在しなかった」（p.12）と。この点はDunlop（1958）が「労使関係論は，言ってみれば，歴史学，経済学，行政学，社会学，心理学，法学等の，多くの学問が遭遇する十字路でしかなかった。」（p.6）という著名な反省と符合する。

研究対象は明瞭であるが方法がないという事態は，必然的にこの学問の特徴を学際的（interdisciplinary）とか問題解決への政策志向性に求め，その特徴をもってこの学問の長所とみなして安心し，この研究対象への方法的探求をおろそかにする傾向がみられた。しかし，平易にいえば，この特徴づけは，労働問題を解決しようという情熱に駆られて種々雑多な知見をかき集めて問題解決の処方箋を工夫するという実情を示しているだけで，研究は乱雑で思いつき的であり，とてもではないが学問（discipline＝修練）にはなじまない特

性といわざるを得なかった。

## 規則の研究としての自立

　雇用関係の方法的探求が施されはじめたのは第二次世界大戦後になってからである。探究者の1人であるDunlop（1958）は、「労使関係制度はその展開のいかなる時点をとらえても、当事者（actors）、環境（contexts）、ならびに制度を統合しているイデオロギーから成り立っている」（p. 7）とした上で、この労使関係制度の固有のアウトプットは「職場の当事者を統御する一群の規則（a body of rules）である」と述べた。卓見である。図示すると**図序-1**のようになる。当事者は労働組織、経営組織、政府であり、環境は社会関係、技術体系、市場である。労働組織と経営組織は労働力の「取引」関係でつながっていることに特別な注目が必要である。その「取引」の結果、「雇用に関するルールの体系」が産出される。いおうとしていることは極めて簡潔ではないか。雇用関係の研究は「ルール」を詳細に観察し、記述し、解釈することにより学問分野として自立が可能になると。

　この核心である「ルールの体系」を抽象的な概念での理解にとどめたまま（例えばチームワークとか、成果主義とかの単なる概念にとどめたまま）、雇用関係の環境である社会関係、技術体系、市場の動向に注力する研究は、よくある研究スタイルである。しかし、それは他の学問の知見の借用に依存するほかなく、よくいえば学際的研究かも知れないが、既存の学問と区別される独自の学問を切り拓く研究とはいえないだろう。むしろ逆であり、産出されたルールの中に当事者の意図・その行動特性や社会的性格が埋め込まれているという観点を重視し、ルールの一点に制度的環境の変化も取引当事者の

図序-1　労使関係論のフレームワーク

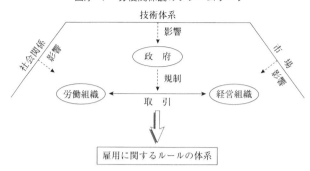

社会的性格も表現されざるを得ないという観点をゆるがせにしないこと，いわばルールへの固執が研究戦略の鍵であると理解しなくてはならない。人は全分野を過不足なく認識する能力を欠いているからである。借りるべき知見は借り，注力すべき一点に全精力を傾注する研究戦略が重要である。

　いくつかの注意が必要である。第一は，「ルール」は書面に書かれているルールだけを指すのではなく，書面に書かれていない慣習や慣行も指す。第二に，ルールは，雇用の何に関するルールなのかの実体的規則（これはほぼ労働条件に等しい）と，いかなる手続きで実体的規則を運用し改定するのかの手続き的規則から成り立つ。第三に，企業の就業規則や労働協約集や各種規定類を一瞥したらわかるように実体的規則は無数にあるけれど，ルールの発生元である「雇用取引」のエッセンスは，仕事の遂行に対する報酬の取引であるから，大胆に区分すれば，仕事のルールと賃金のルールに集約される。(3)仕事のルールとは，仕事の遂行に関わるルールであり，（ア）どんな仕事を，（イ）どれだけの分量を，（ウ）どの達成水準で，（エ）何時間かけて遂行するかを，どのようなルールで統御しているのか

である。他方賃金のルールは従業員個々人にいくら支払うかを決めるルールである。日本についていえば，従業員を（ア）どのように雇用区分し，（イ）同一雇用区分内でどのように等級区分し，（ウ）同一等級内での賃金差をどのように設定するのかのルールになろう。こういうルールに人間のありようが埋め込まれており，日本人なり英国人なりの特性が秘められている。ルールの解読は優れて人間の社会的性格の発掘に向けての努力となる。

　この二つのルールを概念的にではなく具体的に記述し分析する上での難関は，仕事のルールの側にある。賃金のルールは一定の規模以上の組織では賃金表として具体化されるが，仕事のルールにそのような簡明な表現物はないからである。「個々人の労働時間はどのようなルールによって決まっているのか」，「個々人の労働時間の差は何によって決まっているのか」という質問に正確に答えることは至難の業であろう。ましてや，「個々人の仕事の達成水準は何によって決まっているのか」という枢要な問いは愚問でありほぼ成り立たないであろう。賃金のルールが賃金表という具体的表現物をもっているようには，仕事のルールは具体的表現物をもたないからである。

　ここが問題である。


## 仕事のルールの発見

　雇用は経営組織が利潤最大化を目指して労働を雇い入れた結果である以上，利潤最大化に帰結するような仕事の遂行を確実に手にする手段がなくてはならない。仕事の遂行を統御するルールは，したがって，手段の体系であるはずである。それが不確かなものであれば企業活動にとって致命的である。雇用関係の研究も，この手段の

体系としての仕事のルールを明確に記述できるかどうかが鍵となる。

　私は若い時期に（1980年代半ば）賃金制度の研究に集中していたが，80年代後半，日米の貿易摩擦が国際問題になり，その焦点であった自動車産業の日米比較の実態調査に従事したことがある。賃金のルールは，日本の自動車企業が職能給体系で人事考課を内包する賃金制度であるのに対して，米国のビッグ3はジョブに一律の賃金が貼りついた人事考課のない賃金制度であったが，ここから，日米の労働生産性の相違を直接に説明することはできない。働き方の相違がどのように違い，その違いが労働生産性や品質向上にどのように影響するかを具体的な手段の構築様式に基づいて語れなくてはならない。賃金のルールだけでは生産性や品質にまで考察が届かない。研究の方法的行き詰まりである。

　そんな折，マツダの本社工場の工場長付きのスタッフの方が，私のたどたどしい質問を見るに見かねて「工場で実際にどのように仕事を管理しているかを説明しますので，まずそれを説明させてください」とおっしゃられその説明を拝聴したことがある。方針管理と呼称されているその管理は，**図序－2**のような実に手段の連鎖からなる体系的な管理であった（石田他，1997）。

　図は係レベルの台当たり原価の低減の管理図であるが，直接労務費の削減，直接労務費以外の原価低減の目標値と，その達成のための具体的課題（図の一番右側の列の諸課題）の目標値（図の右から2番目の列の目標値）が，月次単位で表示されている（P＝目標とそのブレークダウン）。「歩行ロス時間の削減」から「搬送モーター間欠対策件数」に至る各課題の達成に向けては，ここに図表を掲載できないが，どの作業者たちが誰をリーダーにして，いつまでに，どこまで達成す

図序-2　職場レベルの方針管理

るかの計画が示される（D＝実践とその組織）。これらの目標と実践は月次ごとに目標に対する実績がチェックされ，未達成への対策が話し合われる（C＝チェック）。そこから新たな取り組み（A＝改善）がなされる。いわゆるPDCAによる管理である。これに加えて，係内の全メンバーの各持ち場（ポジション）の作業の習熟度合いを表示した技能表があり，各自の技能の幅と深さを年間通じてどこまで高めるかの訓練計画がある。訓練計画とPDCAの運用が連結されることにより，人材育成はP＝目標に連結されることになる。

　賃金のルールのように賃金表に集約されるほど簡潔ではないが，仕事のルールはPDCAに基づく管理図表の体系として具体的に認識可能であることは以上の説明からほぼ了解いただけるだろう。

## 国際比較の必要

　以上は日本を念頭に置いた記述であるが，英国に目を転ずれば全く異なった賃金と仕事のルールが立ち現れる。労働者の賃金について，詳しくは第Ⅰ部で述べるので，ここではその相違を大まかに述べる。

　賃金のルールは，基本給が職務に張り付いた人事考課のない一律の賃金（これを英国ではa rate for the jobと呼称している）であり，日本の賃金に比べて極めて簡潔である。あまりに簡潔で，これで労務管理ができるのかが心配になるほどである。だが，一筋縄ではいかないのは，1970年代まで基本給とは別に出来高賃金（piece work）が基本給と同程度の比重で存在していたことである。これは，日本には正しく伝わっていない賃金のルールであるが（二つの例外は熊沢，1976と戸塚他，1987；1988である），計画生産量を達成するのに必要なあるべき標準時間に対する実際時間との比率を出来高賃金額に関連づけた賃金である。大抵は作業集団ごとに支払われる。この賃金ルールは，仕事のルール（＝コントロール）での能率管理の不備を，賃金のルール（＝インセンティヴ）で補おうとしたものである。このルールのもとで，職場の作業集団は，職長との交渉というよりは，職長に対してストライキの威嚇を背景に標準時間を緩めさせて，稼得賃金を高める事態（＝賃金ドリフト）が深くかつ広く進行した。

　英国の出来高賃金制度をめぐる労使関係の混乱を最も正確に描いた『出来高賃金交渉』の著者（Brown, 1973）は，その20年後Brown & Wright（1994）の中で次のように述べている。「1980年代にはいって労働組合の影響力が衰退に向かうに伴い，学問的調査研究が減少していったのは，恐らくは避けられないことであったかも知れない。しかし，それはかなりの程度，社会科学的調査の際だった成功

物語ゆえの帰結であったとも言える。1968年の王立委員会報告を頂点とするその前後の，そこに向かいその後に続く職場交渉に関する調査の昂揚によって多くのことが達成された。賃金ドリフト，ストライキ多発性，職場委員活動，制限的職場慣行，こうした事象は，どう控えめに言っても，たいていはもはや謎に包まれてはいない」。こう述べた後，次の衝撃的な文章が何気なく続く。「職場の労働問題だと認識されていた問題の根源が，実はしばしば経営の欠陥にあるということがあからさまになることによって，調査はそれ自体のテーマを失ったのである」（p.161）と。

　この哀切ともいうべき感慨は，英国の仕事のルールが職場労働者による制限的職場慣行としてのみ研究の対象とされていて，図序-2に示されたような日本の仕事のルールが経営の管理手段として構築された経験を英国がもたなかったことに起因する。日英の賃金のルールの目覚ましい相違は，仕事のルールの目覚ましい相違とセットになった相違であり，仕事のルールと賃金のルールの取引様式の相違として考察されなくてはならないことを示唆している。

　日本の「改革」論議がジョブ型賃金とメンバーシップ型賃金の対比にみられるような賃金のルールにのみ関心が向かい，企業業績の達成方式である仕事のルールには目立った注意が払われていないために，企業業績の帰趨を組み込んだ改革論にまで深められない難点を抱えている。この難点は多くの日本の雇用関係研究が国際比較的方法を欠落させてきたことに起因している。

# 3 本書の課題

## 日本の雇用関係の特質の評価

「働き方改革」が何から何への改革であるかを論ずるためには，日本の雇用関係の特質の評価，その達成と弊害を明らかにすることが大前提になる。その特質は，上述したように（ア）賃金のルールと（イ）仕事のルールという手触りのあるルール間の取引様式として明瞭に認識されなくてはならない。日本的特質を得心するのに必要なことは，実は，この二つのルールについて諸外国がどのように違うのかを体感的に理解することである。この点を第Ⅰ部と第Ⅱ部で，筆者が実施してきた諸外国の実態調査に即して説明したい。

本書は，日英米の国際比較調査を通じて浮かび上がる，日英米の賃金と仕事のルール，雇用関係のルールの特性を具体的に述べ，読者各自が自分なりに考え方を整理する手助けになることを心掛ける。

## 「働き方改革」に向けたアジェンダの提示

日本の雇用関係の特質の評価は改革の何から何への改革かの，「何から」に関わる論点である。しかし，「何への」改革なのか。第Ⅲ部の課題である。私にできることは「働き方改革」のソーシャル・ダイアローグ（社会的対話）のためのアジェンダ（＝検討課題）を明示することに限られている。

結論を先取りしていえば，日本の雇用関係の達成は私的秩序形成（private ordering：司法による秩序形成とは異なって，変化する環境への適合的で逐次的な意思決定をするために，当事者間で自主的に創出した機

構）に向けての企業別労使の組織能力にある。「働き方改革」はこの遺産を活かして，日本の雇用関係がもつ弊害である「取引なき取引」を「取引を通じた合意」の雇用関係に進化させる「改革」の途を辿るであろう。第Ⅲ部ではそのためのアジェンダは何かを語る。

---

（1）　残業時間は，36協定による上限は1カ月45時間，1年間360時間と法律に明示され，また従来は「特別条項」を締結すれば「青天井」であったものが，法改正により，（ア）時間外労働と休日労働の合計が1カ月で100時間未満，（イ）時間外労働と休日労働の合計が，2〜6カ月平均ですべて1月当たり80時間以内，（ウ）時間外労働が，1年間で720時間以内，④特別条項の適用は1年間に6カ月まで等，の上限が決められた。これらの上限に違反した会社法人と管理監督者は6カ月以下の懲役または30万円以下等の罰金が科されることになった。

（2）　この節は石田（2003；2012）に基づく。

（3）　仕事を遂行する前提である人材育成のルールは，（ア）入職以前の学校教育制度や職業訓練制度等の制度的環境を前提に，（イ）入職後の配置ルール，OJTやOff-JTのルールからなる。これらのルールを仕事のルールや賃金のルールと区別するか，それともいずれかのルールに包含させるかはよく検討すべき事柄である。（ア）が優先する欧米と（イ）が優先する日本では相違があるが，人材育成のルールは，欧米は企業外の制度的環境にくくり，日本は企業内ルールにくくるのが適切であると考えている。

# 第Ⅰ部

## 賃金のルール

　賃金制度が「よくわかる」ということは手に取って見ることができる賃金表が「よくわかる」ということである。1979年の英国鉄鋼調査，1986年から87年の英国全土での100社近くに及ぶ賃金制度調査での賃金表の勉強は，日本の賃金表の読解の急所がどこにあるのかを私に教えてくれた。英国の乱雑で（＝出来高賃金）無味乾燥な賃金（＝人事考課なき基本給）とは対照的な，人事考課が与件とされた緻密で整然とした日本の賃金制度。だが，英国には英国なりの，日本には日本なりの苦難の途があった。人々は自国の賃金は当たり前の賃金だと思いがちである。当たり前の賃金がかくも国によって違うのは何故か。この事実からあなたは何を考えるか。身近な日本の賃金から話をはじめる。

# 1 日本：人基準の賃金とその進化[(1)]

## 1　年功主義の時代：戦後～1960年代中葉

### 1945～50年代中葉

　日本の賃金が人基準の年功的な賃金であるのは戦後の労使にとって与件であった。ただし，留意を促したいのは，賃金の年功的性格は初任給に年々の昇給額（ベースアップとは区別される，あるいはベースアップが0円でも存在する制度的昇給額）を積み上げていくという昇給慣行自体に埋め込まれていたことである（個人が過去何回昇給を受けたかにより個人の賃金が大きく規定されていた）。したがって，年功制を特徴とする日本の賃金制度の歴史は昇給額表の変遷として観察されなくてはならない。

　戦後から10年ほどは企業経営が混乱しており，賃金管理も混乱を極めていた。**表1-1**はこの時期の昇給表の簡略化したイメージである。八幡製鉄所の組合史や旧王子製紙の事例調査（石田，1992）に基づいている。重要なポイントは次の諸点である。（ア）労働者に何らの社員等級区分もなく，昇給は昇給適用直前の個々人の日給額のゾーン区分に応じてなされていた。[(2)]（イ）人事考課は機能しなかった。[(3)]この時期，労働組合は組合員間の処遇格差を生む人事考課の導入には強い抵抗をした。この昇給方式が戦後日本の年功賃金の

表1−1　1945〜1950年代中葉の
昇給表イメージ

| 日給ゾーン | 昇給額（日額） |
| --- | --- |
| 80円以上 | 5 円 |
| 65円〜80円 | 4 円 |
| 65円未満 | 3 円 |

原初的姿である。

　このような全く労務管理の方策として賃金制度を活用できない状況からの脱却が1950年代中葉以降の企業にとっての最重要課題であった。


## 1950年代中葉〜60年代中葉

　表1−2は経済白書で「戦後は終わった」と記述された1955年から，1960年代中葉に至る日本の高度経済成長の前半期の昇給表の簡単なイメージである。この昇給表の特徴は次の諸点である。（ア）経営者は役職ポスト，労働者は社員等級により昇給額が区分されるようになった。労働者に社員等級が導入されたということは，経営側が社員等級の昇級（＝正しくは昇格）管理を通じて労働者間の働きぶりの競争を促す手段を手に入れたことを意味する。（イ）役職ポスト別，ならびに社員等級別昇給額は人事考課を通じて個人差がつけられる仕組みになった。

　この時期の賃金改革を振り返る際に経営が欧米へのキャッチアップの一環で職務給を真剣に追求した歴史をもったという事実は注目されてよい。[4]

　戦後の経済破綻と労使関係の混乱が一応の峠を越えかけた1950年代中葉，日経連（1955）は，従来の「学歴，年齢，性別等人を中心とする賃金制度」に代えて「職務給制度の確立や能率給，生産奨励

表1-2　1950年代中葉～1960年代中葉の
昇給表イメージ

| 社員等級<br>（初任額：月額円） | | 昇給額（月額） |
|---|---|---|
| 課長 | 8,000 | 200 ～ 220 |
| 係長 | 6,500 | 150 ～ 165 |
| 社員 1 級 | 4,800 | 80 ～ 88 |
| 社員 2 級 | 3,900 | 70 ～ 75 |
| 社員 3 級 | 3,300 | 62 ～ 65 |

金制度の整備，再検討」を提唱した。だが1960年ごろまでに，技術革新によって「能率給，生産奨励金制度の整備」は生産管理内部の問題となったため，「能率給」は賃金制度合理化の埒外におかれるようになった。その結果，およそ1960年代後半の「能力主義管理」＝職能給の登場までの10年間は職務給の導入が当時の賃金制度改革論議の焦点をなしていた。

　しかし，何故，「職務給制度の確立」なのか。日経連（1955）は次のように述べる。「職務と関係のない担当者の身分や学歴や，年齢等によって給与を定めたり，ましてや職務と無関係に担当者の生活費を基準とするような賃金制度は労働の対価たる賃金の本質に反するものであり，公平な刺激に欠けるので働く者に働き甲斐のある賃金とはいえない。この点職務給こそ本人の遂行する職務の困難性や重要性の度合いに基づき適正な賃金格差を設定することにより，公平に対する心理的要求をみたし得るものであるから勤労意欲の向上を通して，生産性の向上，経営効率の増大を終局的に企図し得る。」（4-13頁）。

　しかし，この追求の努力は，賃金制度の基軸である決定基準を人基準から仕事基準に転換するという，制度の連続性を飛び越える努

力にならざるを得ず，報われることのない苦い経験となった。その困難の原因となった組織管理上の理由（職務に基づいた組織の構成をしておらず，現場の仕事を職務という概念で掌握することが困難であったという理由）も無視できないが，より重要なことは日本の労働者の心性が経営者によって次のようにとらえられていたことである。「賃金はかれらの，誠心や緊張や努力などの主観的なものに直ちに報ゆるものであってほしいと感じている」。それに対して職務給は「職務に異動がない限り賃金は個人の努力如何ではどうにもならぬという，いわば人格的主張に対して直接に応ええない……無情性」（89-90頁）から免れない制度であると。

　海外の日本の労使関係史研究の第一人者であるアンドルー・ゴードンも，大戦直後の労使関係の混乱の中でイデオロギーの左右の相違にかかわらず日本の労働者の心性を驚きの目で次のように描くことができた。「彼らは英米の多くの労働者たちのように冷めた目で職場を単に賃金を得る場所としてはほとんど見ない人たちであった。彼らはむしろ職場を永続的な共同体であり人生の意義を見出す場所と見ていた」（Gordon, 1998, p.40）と。

## 2　能力主義の時代：1960年代中葉～1980年代末

　能力主義の時代は1960年代中葉以降にその明確な姿を顕著にしたけれど，その正確な特徴を知るためにはそれに先立つ50年代中葉から60年代中葉に至る「職務給」をめぐる労使それぞれの議論の内実を知る必要がある。

### 職務給追求への経営者の懐疑

　上述したような日本の働く人々の抱く勤労観を内実とした「労働における日本的なるもの」の自覚は，経済成長が進展しはじめた60年代中葉になると，欧米追随的な思潮をベースとしていた職務給追求に対する懐疑を増大させた。

　欧米追随による近代化という経路と「日本的なるもの」による近代化の経路が，職務給か職能給かというあるべき賃金制度の選択問題として経営者の内部で争われることになった。日本の資本主義の進路をめぐる理念的葛藤が賃金実務的に熱く論じられたこの議論は，賃金のルールのあり方が社会の秩序形成と密接な関係を結んでいるという理論的関連性を伝えており，具体的に振り返りみておくだけの今日的価値がある。

　日経連『資格制度の考え方と実際』(1960) の「第三部討論」に，職務給化推進に賛成する「D，C氏」と批判的な「B，E氏」の議論が紹介されている。争点は（ア）社員等級，（イ）社員等級と賃金との結合であった。[5]

　（ア）社員等級をめぐる論点：職務給であれば社員等級は職務等級（当時の用語では職階制）となり，職能給であれば社員等級は戦前からの連続性のある資格制度にとりあえずは依拠することになる。[6] いずれの等級制度にするかが職務給追求の是非をめぐる争点になる。

　職務給推進派（C氏）「……（旧来の資格）制度は本質的に補充的なもののように考えている。……企業の中の人間の序列は仕事を中心にしてゆくのがやはり一番合理的だ。いまのところでは日本人の考え方に完全にマッチしないまでも，いずれはそれを中心に序列を考えていくべきだと思う……。」

職務給批判派（B氏）「将来アメリカ的な職階制ができるような事態がくることがハッキリしていれば，当然指向すべきかも知れない。が，20〜30年来なければ，その間の問題を論ずればいい。いわゆるアメリカ的な制度には生涯雇用制度なるものが全く考えられていないから，それはちょっと日本では不可能ではないか。アメリカの場合には，時系列的な管理が抜けている。昇進してゆく形も，時間の積み重ねで考えて行った連続的なものとしては捉えられていない。だから資格制度が職階制へ移行するための漸進的なモデルではないといいたい」。資格制度は職階制（＝今日の名称である職務等級制度と同義）と本質的に対立するものととらえられている。

　職務給推進派（D氏）「……人事管理，労務管理としてわれわれがやっていることは，とどまってはいけない，つねに進んでゆく形の中で特質を持っていると思う。……さらに，昇進制度において，訓練において，それから適職配置においてもつねに進歩性を持っていかなければならぬ。これらのものを強く出そうとすればするほど従業員と組合の保守的な抵抗が強くなり，これにたいする緩衝弁を考えざるを得ない。そこに資格なるものの存在価値がある。われわれが進歩性の中に取り上げるものの中に資格を入れてしまうと，つねに進歩性がゆるんできてしまう。人事管理本来の道を進ましておいて，別に緩衝弁を考えるという形で捉えるべきではなかろうかと考える」。資格制度は職階制度の緩衝弁の位置にとどめるべきという議論である。

　職務給批判派（B氏）「僕は全く反対なんですが，……職階制的秩序，職階給がやはり経済合理性を持っていると考えられる。それに現在の日本の実情が合うか，合わないかを考え，その条件の差をどこに織り込むかを考えてゆくと，漸進的な移行モデルともいうべ

き資格制度を経営秩序の真ン中に持ってきてもいいのではないか。秩序としての漸進的移行モデルともいえるし，あるいは現状における日本的な秩序であるともいえる。……教育，賃金，人事管理全般の基礎にこの資格制度を置くべきではないか，という積極論です。」

　職務給推進派（C氏）「……昇進制度，企業内の人間の序列，あるいは給与体系……等すべてそうした職務の高さ，言い換えれば，提供されている労働力の高さに応じて形成されるのが最終的には正しいと思う。その場合，日本のように労働市場が非常に閉鎖的で生涯雇用的なところでででは，要求される人間の能力と，それに対応した職務の数は必ずしも一致しない。能力を沢山持ち合わせながらそれを十分に発揮できるだけの職務がないという現状がある。その場合の補完的な安全弁としてのみ資格制度の意味がある。」

　（イ）賃金との結合をめぐる論点：職務給推進派（D氏）「賃金を〔資格制度と〕結びつけない形でやったほうがよさそうですね。……というのは，賃金制度それ自身は職階制，職務給の中であくまで徹底しようという意欲がある」（〔　〕は筆者，以下同）。

　職務給批判派（E氏）「うちではそれ〔賃金と資格制度の結合〕を全面的にやっている。資格別の昇給額が一定の幅をもって決められている。これは資格はなるたけ形式的なものにしないように，資格制度の資格は労務管理の中心的な位置に据えようとの初めからの意図があるわけです。」

　職務給批判派（B氏）「資格制度と賃金の結びつけ方としては昇給に結びつけるのが日本的なあり方である。……職階制の場合は，仕事からだけアプローチしてゆくが，資格制度では人間の側も入ってくるので生涯雇用の要素を入れて，賃金体系の中に昇給を考えざるを得ない。」

職務給推進派（D氏）「職務給をとるならば，……完璧なものかどうかは別にして，客観的に納得性を持っている。さて……個人能力にリンクするのだということになると，その個人能力をどうランクさせてゆくかについて［資格制度では］基準が全然ない。そこにまず問題がある。……資格能力は一体何を基準としてみるかが疑問になってくる。」

　職務給批判派（B氏）「……職務給の考え方から見ると，能力を見るのはどうもおかしい。これは理論的にどうしても割り切れない。したがって，それは能力ではなくて，職務の程度なんだというふうにあくまで理解してゆくことになる。ところが，現実の職務のいろいろな程度の裏ハラになっているものは能力であるということである。そこで裏ハラになっている能力面からアメリカのような雇用形態で職務についている場合と，日本のような生涯雇用的なもので，職務転換を予め予想された形で就いている場合とではこれは違ってこざるを得ない。したがって，職務給自身の考え方は，生涯雇用がある限りはどうしても賃金管理としてはうまくゆかない。そこで資格をいわゆる職能を代表するような形で考えたとすると，それは賃金に当然リンクすべきだということになると思う。」

　職務給推進派（D氏）「能力の判定だけは経営者が勝手にやったということになると，労働者のほうはそれにたいして猛烈な不満が，表面に出る出ないは別として，内在する。……この資格の性格を経営者が一方的につくったものだというならば，賃金と結びつけるときに，もう一度反省する必要がありはしないかというところに心配を持っている。」

　職務給批判派（B氏）「その場合に前提条件として，職階制と同じような意味での職務評価はやはりある程度どうしても必要だ。だ

から，資格制度と賃金を結びつけるならば，その賃金の合理性を貫徹するためには職務分析，職務評価はある程度行われていなければならないということと，それからその場合に能力の把握は，職務分析，評価の上に立って，その人自身に会社が期待する能力，その系列で能力をおさえていかなければ能力自身も非常に不安定なことになる。さてそこで一体職務給と資格リンクとどう違うかということが出てくるが，職務給の場合は，あくまでも静態的な現在の職務の程度だけでゆくべきです。例えば配置転換も採用の仕替えというくらいの考え方でアメリカあたりでは職務給を運用している。しかし日本の場合では，長期的に職務を見るために能力を見る必要がどうしても出てくる。」

## 能力主義としての賃金論の自立

　職務給の追求をめぐる上述の議論は1960年のものであり，日経連の職務給の提唱（1955年）は，提唱とほとんど同時に日本の雇用の現実との軋轢，齟齬に直面したことを示している。それと同時に，職務の裏面には能力が貼りついているという言い回しで（上記B氏の強調点），職務給ではなく，能力を基準に賃金制度を合理化する発想によって日本の雇用の現実との調和を図ろうとする賃金論が台頭したことをよく示している。

　こうした熱き議論の終盤には，日経連（1964）は，次のように職能給を位置づけることができるようになった。職能給では「職務がとらえられないのであるから，賃金，人の結びつけは客観的に存在する職務以外の基準によらざるを得ない。そこで考えられた概念が『職務遂行能力』である。」「本来職務と人＝能力とは密着すべきものであり，職務価値構造と職能構造とは表裏の関係にある。した

がって，職務遂行能力とは職務が要請する能力であり，結局は職務
評価要素を『能力』的な表現に置きかえたものの総称なのである」
（43-45頁）。

　このような職務給の職能給への読み替えによる賃金論の案出は，
欧米追随的な人事管理思想を乗り越え，「現にある日本の条件それ
自体を，かがみ込んでそれを虚心坦懐にみつめ，日本的条件それ自
体に潜んでいる良きものを発見し伸ばし，悪しきものを改めていく
……主体的姿勢」（石田，1990，45頁）の確保に他ならなかった。こ
の立脚点から『能力主義管理』（日経連，1969）への途は一直線であった。

　「能力主義管理」とは「従業員の職務遂行能力を発見し，より一
層開発しさらにより一層有効に活用することによって労働効率を高
めるいわゆる少数精鋭主義を追求する人事労務管理施策の総称であ
る」と定義づけられ，その理念は「企業における経済合理性と人間
尊重の調和にある」（日経連，1969，17-18頁）とする。「企業におけ
る人間尊重とは，業務の上から考える限り，従業員の職務遂行能力
を発見し，十二分に開発し，かつ発揮する機会と場所と環境を与
え，それに応じて処遇することであり，能力主義管理の実践に他な
らない。」（18頁）。それをさらにかみ砕いて述べる。「何人も学歴や
年功にとらわれることなく能力に応じて平等に扱われ，能力の開発
と発揮に従業員一人ひとりが主体的，意欲的にとりくみ，そこに積
極的な個人の生き甲斐と活力ある企業，ひいては生き生きした明る
い社会の建設につらなる社会哲学である」（53頁）と。「企業で働く
ということは単に労働を売って，その対価として報酬を受けるとい
うだけの関係ではない。欲求段階説でいえば最も高い欲求の段階に
ついてまで，企業において充足されんことを期待して働いているの
である。最も高い欲求の段階とはふつう自己完成の欲求と呼ばれて

いるが，これは自分のもてる可能性をきわめ尽くすということで
あって，いいかえれば，能力の最大限の発揮ということに他ならな
い。……企業のもとに集まったすべての人が，着実に自己完成への
道を歩み続けるという姿にもって行くことが人事管理の理想であ
り，理念と呼ぶに値するものである。われわれは，この理念を人間
尊重ということができる。」(66頁)。

　50年代半ばからはじまった経済成長に自信を深めた企業経営は雇
用関係の面でも人事・労務管理＝人間尊重と言い切る高みにまで自
信を深めた。60年代後半から80年代を通じて日本社会は「企業中心
社会」の様相を濃くしたが，「企業」が社会の秩序形成の根拠地に
なり得たのは，従業員の「職務遂行能力」を基軸にした能力主義管
理の理念と実践が企業という舞台において従業員の協力を調達・動
員し得たことによるといって大過ない。

　この能力主義管理の成功の背景には，職場の労働者の働き方の中
に，「職務遂行能力」が具体的に認識できる実体験がなくてはなら
ない。QCサークルの形成・普及は職場の労働者が経営課題に貢献
できることを実証するプロセスであった。このプロセスは欧米的な
「計画と実行の分離」(テーラリズム)が「計画と実行の統合」へと
管理思想が転換する実態的な根拠になっていた。[7]

　しかし，労働組合はどう対応したのか。


### 労働組合の対応

　実際のところ，60年代半ばから後半にかけて，経営側の能力主義
管理としての賃金管理思想の自立の段階になると，労使の賃金制度
をめぐる対立は不明瞭になる。したがって，日経連自身が職務給の
推進で混迷していた50年代後半から60年代前半における，その同じ

時点での総評の職務給反対闘争における労働組合内部の議論の内実を探る必要がある。

　この時期の総評（日本労働組合総評議会）の運動方針は一貫している。すなわち、「賃金体系は搾取強化の重要な手段なのだから、理想的体系を作るという幻想におちいることなく、できるだけ多数の意思を統一して搾取強化とたたかえる組合の体制ができることを目安にして大幅賃上げの中で、一般的には体系改悪の焦点になっている部分を改善する闘争を積極的にくむ」（1960年の運動方針）というものである。ややわかりにくい文言であるが、簡単にいえば、労働組合として「理想的体系」を策定するのは困難であり、むしろ「大幅賃上げ」で解決するという方針である。この方針に対して傘下の産別労組から、以下のような反対論が唱えられた。

　国労（国鉄労働組合）・船井岩夫氏：「善意にしても職務給反対、同一労働同一賃金、格差縮小をとなえていただけでは、ダイナミックな職務給攻撃はふせぎきれない要素があり、……労働者の統一と団結が今以上に困難になってくる。」（総評調査研究所、1961b、52-59頁）。

　全電通（全国電気通信労働組合）・及川一夫氏：「問題は、向こうが系統的に、体系を出してくるわけですから、出されれば労働者は、賃金が低いから高いほうに目を移すということが出てくるわけです。それを一体小島さん［小島健司・総評調査部……昭和30年代から40年代にかけて総評の賃金理論の実質的な第一人者］などが指摘をされるように、それはいけないのだ、体系の問題に手をふれてはいかん。あるいは、そういったことに入っていったら大変なことになりますよ、ということだけで、労働者を納得させていくことが出来るのかどうか疑問です。……この体系、この格付けは誤りだ、この職務給は誤りだというふうに出していかないと、なかなか労働者は納得し

てくれないと思うのです。」（同上，1961a，45-46頁）。

　動労（国鉄動力車労働組合）・吉田孝治氏：「乗務員は55歳に近い人も21歳でも，同じ仕事をやっている。その意識が最近強くなっている。従来のように，お前も20年運転手やれば，このくらいになるのだ，という説得ではきかなくなってきた。……そういう問題を，ただ何とはなしに年次方針程度で手直しする……といっても……まあ事務的な処理に終わってしまっている。それではやられっぱなしになる。」（同上，1961a，60-61頁）。

　より積極的な対案である「横断賃率論」の提案も無視できない。全国セメント・渡辺武平氏：賃金の企業別決定を乗り超えるためには産業別最低賃金の実現が重要だが，そのためには一律アップというような要求では企業別賃金体系を根底から打破することはできないから，これからは，「未熟練職種最低賃金を基礎に，その上に熟練段階別の最低賃金をもって構成」すべきである。「困難さは……熟練，高級熟練の各職種をいかに確定するか」にあるが，「長い時間をかけてじっくりと労働内容調査や，下からの民主的な討論を通じて」（同上，1961a；b）やっていく努力をすべきである。

　他方，総評の運動方針を支持する立論も経験主義に基づく堅固なものであった。例えば，全逓・宮崎新一氏：「賃金体系の具体的な目標あるいは横断賃金といいますと……職種別に格差が設けられ賃率が決められる」ことになるが，「どういう格差を設けるのかは非常に大変な問題だと思います。……職種の格差がどうじゃとか，あいつとおれの賃金の差はどうじゃとかいうことばかりに眼を向ける形になりますと，自ら大幅賃上げにむかっての統一と団結ができない。……口ではきれいなことを言っても，個人にとっては，他人を押しのけても，……自分の仕事は仲間の仕事よりいいんだという感

情はどうしてもぬけ切れんと思うのです。……これが一番恐ろしい。」（同上，1961b，101-103頁）。これに対して総評の運動方針への反対論者である地銀連・佐藤御弦氏は，「日本の労働者が賃金闘争をやる場合に，決定的な弱さは，組合幹部にきめてもらうか，当局・資本家にきめてもらう格差しか持っていない。……格差あるいは労働者の賃金は労働者がきめるという考え方が基本的にない」。だからむしろ横断賃率論であれ何であれ「労働者の中で一つのたたき台として出してみて，これでいいか悪いか，議論をすることで，労働者の賃金は，労働しているものがきめていくという考え方を定着させる」こと，「そういうよび水が必要じゃないでしょうか。」（総評調査部，1962，189-191頁）。

これに対する総評調査部の小島健司氏の発言は，基本方針の根底にあるものの考え方を吐露したものであるばかりでなく，運動の組織者の苦悩を余すところなく伝えている。

小島健司氏：「このごろの評論家の方々などがよく言われる言葉に，一度職種別のエゴでも何でもださせて混乱を経過した方がいい。混乱を経過しないとほんものにならない。横断賃率を実現するためには混乱をおそれずにのりこえるべきだといわれる。僕は労働組合の場合に，一度組織の中に混乱を起こしたら，その収拾は非常に大変なことじゃないか。……混乱を起こせば，組織が壊滅するまで攻撃される危険性がある。混乱を越えてという言葉は，評論ではなく運動としてみると非常に危険だ。私たちは，もっと組織を大事にしなければいけないと思っているんです。」（同上，1962，191頁）。

以下の「第2節」で述べるように，欧米の場合，生産職であれば[8]ジョブや徒弟訓練制度が，スタッフ職・経営職であればプロフェッション（専門職制度）が，それぞれ，その訓練への参入要件，訓練

内容と水準，職務内容等について，企業横断的な制度として社会的に構築されているので，職種間の賃金格差，熟練度に応じた賃金格差は労働市場の相場として企業の外部で決定されるのが基本である。それに対して日本は企業内でルールを合意する必要がある。その合意形成は簡単ではない。場合によっては労働組合「組織の壊滅」もあり得る。何という大きな違いであることか。

60年代後半になると，労使の熱き賃金体系論議は立ち消えていく。職務給という日本の職場秩序に異質な制度をめぐっては，経営者内部でも，労働者内部でも，また労使間でも熱き議論を生んだが，能力主義とそれに基づく職能給をめぐっては議論が消失する。誤解を恐れずにいえば，賃金体系論議が立ち消えたということは日本の資本主義の進路をめぐる労使対立も企業社会ではほぼ消失したことを意味する。

### 職能給

賃金制度はどうなったのか。能力主義管理を手にするまでの賃金は前掲表1−2のような資格等級別の人事考課を含んだ昇給額を年々積み上げるものであったが，この時期，徐々に表1−3，表1−4のような賃金に変化した（楠田・平井，1986）。この賃金制度が職能給である。

この特徴は次の諸点である。（ア）人事賃金制度の基本理念が，従業員の「職務遂行能力」の育成，処遇であることが明確になり，「職務遂行能力」が制度の基軸に据えられた。それに伴い，（イ）社員等級は経営者から新入社員まで全従業員を「職務遂行能力」の等級である「職能等級」に区分することになった。表1−3のM9からJ1までがそれである。部長，課長，係長，職長等のポストと「職

表1-3　1960年代後半〜1980年代の賃金表のイメージ

(単位：月額, 円)

| 職能等級 | 理論モデル年数 | 下限　〜（昇給）〜　上限 |
|---|---|---|
| M － 9 | — | 217,200 〜（4,700）〜 273,600 |
| 8 | 6 | 169,000 〜（4,700）〜 225,400 |
| 7 | 5 | 125,500 〜（4,700）〜 172,500 |
| S － 6 | 5 | 85,900 〜（4,100）〜 126,900 |
| 5 | 4 | 64,700 〜（3,500）〜 92,700 |
| 4 | 3 | 50,300 〜（3,000）〜 68,300 |
| J － 3 | 3 | 37,400 〜（2,500）〜 52,400 |
| 2 | 2 | 29,800 〜（2,000）〜 37,800 |
| 1 | 2 | 23,000 〜（1,600）〜 29,400 |

表1-4　1960年代後半〜1980年代の昇給表のイ
メージ

(単位：月額, 円)

| 級 ＼ ランク | S | A | B | C | D |
|---|---|---|---|---|---|
| M － 9 | 5,700 | 5,200 | 4,700 | 4,200 | 3,700 |
| 8 | 5,700 | 5,200 | 4,700 | 4,200 | 3,700 |
| 7 | 5,700 | 5,200 | 4,700 | 4,200 | 3,700 |
| S － 6 | 5,100 | 4,600 | 4,100 | 3,600 | 3,100 |
| 5 | 4,300 | 3,900 | 3,500 | 3,100 | 2,700 |
| 4 | 3,600 | 3,300 | 3,000 | 2,700 | 2,400 |
| J － 3 | 3,100 | 2,800 | 2,500 | 2,200 | 1,900 |
| 2 | 2,400 | 2,200 | 2,000 | 1,800 | 1,600 |
| 1 | 2,000 | 1,800 | 1,600 | 1,400 | 1,200 |

能等級」とは区別され，ポスト長に任用されない経営層も「職能等
級」で処遇することが可能となった。また（ウ）賃金は「職能等級」
に応じた下限から上限に至る範囲給となった（表1-3）。（エ）その
範囲の中で個々人の具体的な賃金額は，人事考課（特に能力考課＋情
意考課）（表1-4のSからD）により決定される昇給額を個々人の前年
の職能給額に積み足して決定されることになった（表1-4）。

このようにして，人基準の賃金にあって，年齢や勤続年数の比重を低め，その分，能力の比重を高める制度改革がなされた。

# 3　成果主義の時代：1990年代～現在[9]

## 時代の概観

　90年代に入り，グローバル競争の本格的到来と情報技術革新，社会の価値観の多様化等の環境変化は各国の戦後雇用体制に深甚な影響をもたらした。英国，米国を代表とする自由主義的市場経済（Liberal Market Economy）の国々では，労働組合の規制を解除・忌避する傾向が顕著で，組合組織率の低下が著しく，結果として労働市場の機能が労働条件を決定する傾向が強まった。その際の労働条件決定の主要舞台は企業へと収斂している。他方，ドイツやスウェーデン等大陸ヨーロッパ諸国の調整的市場経済（Coordinated Market Economy）の国々では，それまで，企業レベルの賃金交渉は上部の団体交渉によって制約されてきた事態に対し，企業を越えた労働条件決定を幾分かでも企業レベルで決定できるような「交渉制度をめぐる交渉」がなされた。いずれも雇用労働条件の決定機構を「分権化」（Decentralization）する方向が強まった（Whitley, 1999；Hall & Hoskice, 2001）。この分権化とともに注目すべき変化は，労働者個々人の賃金決定を，人事考課を通じて「個別化」する動きも一定程度進行したことである。図1-1は「分権化」と「個別化」の変化を図示したものである。

　日本は不思議な国である。賃金は企業で決定されるものであり，従業員の賃金は年齢や勤続年数の差だけではなく，働きぶりの評価＝人事考課によっても影響を受けることが当たり前の国であり，分[10]

図1-1　世界と日本の雇用関係改革

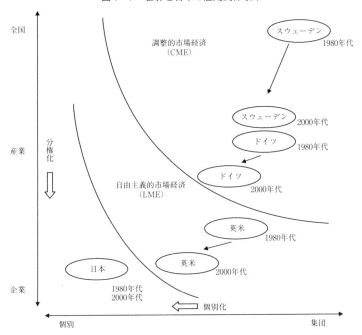

権化も個別化も，もうその先はないところまで日本の労働は達して
しまっていたのである。そうだとすれば，90年代以降の日本の改革
とは一体何であったのか。

　分権化と個別化の極北の国・日本の労働は，諸外国では達成困難
な企業内での自主的な労働条件決定（＝分権化），企業内での処遇の
個別化を通じての個々人の努力水準の上乗せ競争の浸透（＝個別化）
を達成していたが，こうした労働への協力を引き出すためには，分
権化と個別化の背後に長期的雇用慣行，年功賃金，企業間の長期的
取引慣行等からなる企業を中心とする準共同体的関係の維持のコス
トがついてまわっていた。経済成長が常態であった80年代までは深

刻なコストとして認識されてこなかったが，バブル経済の崩壊後，成長が止まる90年代になるとこのコストは深刻な問題として表面化した。

　心からの協力を損なわずに共同体の維持コストをどこまで低減できるのか，その新たな均衡の模索が日本の改革であった。(11) この共同体関係の維持のコストとベネフィットの秤量は，コストが短期的に計測しやすく，ベネフィットが長期的でかつ計測できないという特性から計算として成り立たず，コスト圧縮の努力の方面に秤は傾くことになった。このコストの最たるものは賃金であった。この賃金コストの問題を企業はどのように解こうとしたのか。

　課題は，端的にいって，「能力主義管理」の達成が，比重を低めたとはいえなお内包していた年功的な賃金という制度要因を，いかに協力的な労使関係を損なわずに抑制できるかであった。このための方策は，（ア）付帯的部門を別会社にして，既存社員の出向・転籍，別会社の新規労働力には別会社の企業サイズに相応しい賃金水準の提示，もしくは非正規社員の採用，（イ）維持された本社においては，すでに市場賃率が成立している非正規社員の可能な限りの活用，（ウ）本社正社員の賃金改革，の三つであった。賃金コストの抑制・低減には（ウ）ではなく（ア）と（イ）が大きな比重を占めた。（ウ）の正社員の賃金改革が成果主義的賃金改革であるが，この改革は，（ア）の本社の縮小と子会社の族生，（イ）の非正規社員の増大という社会的な所得配分の問題を排出しつつなされたことに留意しておかなくてはならない。また，これらの改革を通じて労使関係の協力関係が崩れた気配がないことにも留意が必要である。

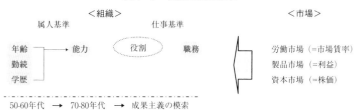

図1-2　処遇の決定基準

## 成果主義的賃金改革

　上記（ア）と（イ）の改革は，組織の縮小と市場の活用という新自由主義のイデオロギーの具体化であった。（ウ）の正社員の賃金改革も，市場的決定に委ねるという新自由主義のイデオロギーが色濃く作動していた。90年代の後半以降，「社員の自立」，「エンプロイアビリティー（市場で通用する人材たれ）」という標語が企業内でいかによく流通したことか。だが，正社員の賃金は労働市場で賃率が十分に形成されているとはいえない。図1-2に示したように，市場には労働市場，製品市場，資本市場がある。労働市場を直接利用できれば企業組織内の賃金決定基準を職務基準となし得るが，[12]それがかなわないので，製品市場（売上高，利益額），資本市場（株価）から発せられる価格情報を人事制度にどのようにルールとして落とし込むのかが課題となる。[13]

　市場の価格情報を組織内のルールに転換する道筋は，概ね次のような手順を経た。（ア）市場で評価される商品とサービスの提供のための戦略の策定と，それを遂行するにふさわしい組織の再構築を行うこと，（イ）そうした組織が，時々刻々発せられる市場の価格情報を組織内の管理ルール（Administrative Rule）に翻訳して，日常不断に組織内の最適な資源活用を促す仕事の管理の仕組みを構築す

表 1-5　80年代から2000年代への変化の要約

|  | 1980 年代 | 2000 年代 |
|---|---|---|
| コンセプト | 職務遂行能力 | 役割 |
| 等級制度 | 職能資格等級 | 役割等級 |
| 賃金制度 | 年齢給＋職能給 | 役割給 |
| 評価制度 | 能力考課＋情意考課＋業績考課 | コンピテンシー評価＋成果評価 |

ること，（ウ）（ア）と（イ）を人的資源の側面から支援する人事・賃金改革を策定すること。すなわち，市場⇒経営戦略→組織再編→仕事（業績）管理→人事・賃金管理という道筋になる。

　人事・賃金管理はルールの束である。そのルールは（ア）社員等級，（イ）社員等級に応じた賃金表（基本給），（ウ）賃金表の枠内で個々人の賃金決定に必要な人事考課の三つからなる。これらの変化を要約して示せば**表1-5**のようになろうか。

　以下，変化の基軸である社員等級と基本給の変化について説明したい。

## 社員等級制度

　選択肢は，職務等級，職能等級，役割等級の三つがあった。

　職務等級は，既述したように，職務銘柄に応じた市場賃率が未成立な日本では困難な選択肢であるが，企業内でのポジション（現に在籍する社員の職位）に着目してポジションの重要性を組織内で評価し，それをもって等級化する方途は可能であった[14]。だが，経営層についてはともかく，一般層にあっては，技能（職能）レベルがポジション評価よりも説得力のある等級区分であり，ポジションによる全社員の等級化は論理的な整合性がとりにくい問題がある。

　職能等級は，既述の通り，「能力主義管理」の確立に伴って60年

代後半以降定着してきた制度であり，制度の継続性ゆえに安定的な制度であるが，年功的要素を抑制するためには，等級数を削減する必要があった。この削減の根拠づけをどうするかという問題がある。

　役割等級は戦後の人事制度史にはなかった概念である。（ポジション評価としての）職務等級の導入や職能等級の等級数削減という改革は，年功的要素の抑制という目的には一応合致しているが，それぞれに固有の難点を抱えているだけではなく，賃金決定をより市場的決定に委ねて企業のパフォーマンスを向上させるという時代風潮の要請に応ずるには，それら二つの選択肢はその論理整合性の確保の点で不十分であった。それに対して，役割等級は市場重視の論理とより整合的な論理構成が可能であった。すなわち「市場」の重視→「付加価値」の重視→「付加価値」への貢献＝「役割」×「成果」，がそれである。「成果」は絶えず変動するので人事考課で処理するのが適切であり，階層組織の安定的秩序は「役割」の重要性の程度に応じた等級区分が適切である。このような論理に立つ役割等級は，旧来の組織重視＝供給サイド重視を市場重視＝需要サイド重視に転換させる時代風潮の要請に合致した社員等級であった。

　前掲図1-2は成果主義時代の賃金の決定基準の模索が，「能力」と「職務」の中間に位置する「役割」にその着地点を見出したことを示している。問題はこの「役割」の軽重をどのように確定するかである。この場合の着眼点は市場の価格情報に適切に対応するべく構築されてきた仕事の管理の仕組みを直視することであった。先に，仕事のルールはPDCAに基づく管理図表の体系として具体的に認識可能であると述べたが（本書10頁），「付加価値」への貢献の程度はPDCAのPのサイズ・重要性・難易度等に表現されざるを得な

い。仕事のルールと報酬のルールはかくして固く結ばれることにな
る。[15]

### 賃金制度

しばしば成果主義は概念のレベルでのみ認識され，制度（＝ルー
ルの束）として語られることは稀である。多くの読者を得た高橋『虚
妄の成果主義』(2004) が，「『成果主義』とは，①できるだけ客観
的にこれまでの成果を測ろうと努め，②成果のようなものに連動し
た賃金体系で動機付けを図ろうとするすべての考え方，なのであ
る」(230-231頁) と，大まかな抽象的な概念的定義を与えているだ
けであることによく示されている。

成果主義は，実際には，年功的要素の極小化に向けた具体的な制
度改革であった。1980年代までの主流であった能力主義のもとでの
基本給は，2000年代以降，図1-3のように変化した。年齢給は廃
止され，職能給は役割給へと変化した。役割給は，経営職層にあっ
ては等級別・人事考課別定額になり，年々，人事考課の結果によっ
て実額が洗い替えられ，定期的な昇給制度は消えることになる（役
割給Ⅰ）。一般層においては昇給方式がゾーン別昇給制度となり，
年功的要素の極小化が進んだ（役割給Ⅱ）。

表1-6は，ゾーン別昇給表の一例である。図表は，一般層の社
員等級区分が五つの等級に区分され，各等級の内部は，昇給前の各
自の基本給水準に応じて高い方からエクストラゾーン，スタンダー
ドゾーン，ライジングゾーンの三つのゾーンに区分され，そのゾー
ン区分と人事考課の評定ランクとのマトリックスで昇給額が決まる
ことを示している。昇給額はライジングゾーンに寛大に，エクスト
ラゾーンに厳しく設定され，同一等級に長期に滞留すると降給があ

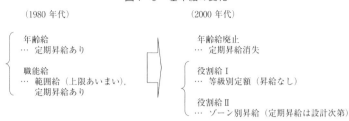

図1-3　基本給の変化

表1-6　ゾーン別昇給表の例

| 等級 | ゾーン | | 考課S | 考課A | 考課B | 考課C | 考課D |
|---|---|---|---|---|---|---|---|
| J1 | | | | | | | |
| J2 | | | (省　　略) | | | | |
| J3 | 36ステップ○○円 ～ 25ステップ××円 | エクストラゾーン | +2 ステップ | +1 ステップ | 0 | -1 ステップ | -2 ステップ |
| J3 | 24ステップ□□円　←ポリシー金額 ～ 13ステップ△△円 | スタンダードゾーン | +3 ステップ | +2 ステップ | +1 ステップ | 0 | -1 ステップ |
| J3 | 12ステップ◇◇円 ～ 1ステップ　▽▽円 | ライジングゾーン | +4 ステップ | +3 ステップ | +2 ステップ | +1 ステップ | 0 |
| J4 | | | | | | | |
| J5 | | | (省　　略) | | | | |

るので，基本給はポリシー金額の近傍に収斂する設計となっている。前掲表1-3と表1-4にモデルとして示した80年代までの職能給の昇給表はゾーンという概念がなく，等級ごとの上限額の範囲内であれば人事考課による昇給差はあるにせよ，全員にともかく昇給が確保される仕組みであった。成果主義のもとでの基本給は，ゾーン別昇給表によって年功的昇給を可能な限り抑制した賃金に変化したことは，通常の議論ではこの変化を度外視しているだけに，特別に重視しなくてはならない変化である。[16]

人事考課制度，賞与（一時金）制度

　人事考課制度は，社員等級制度や昇給制度ほどには80年代からの明瞭な変化は観察できない。80年代までの時期の人事考課は能力考課，情意考課，業績考課から構成されており，成果主義の時期の人事考課は，コンピテンシー評価と成果評価となっているが，コンピテンシー評価はかつての能力考課と情意考課の合成と基本的な相違はなく，成果評価はかつての業績考課に該当する。ただし，注目すべきは，人事管理の基本コンセプトが「職務遂行能力」からPDCAのPのサイズ・重要性・難易度等の格差の表現としての「役割」に動いたことにより，成果評価は全社→部門→課→係→個人へとブレークダウンされたPの具体的な「目標」に対する半期ごとの「実績」の評価としてより明示的でよりデジタルな性格になったことである。とはいえ，より正確にいえば，成果評価はデジタルな半期ごとの「結果」とデジタルではない半期ごとの「プロセス」とが区分され，「結果」は賞与（一時金）に反映され，「プロセス」は昇給に反映される傾向にある。なお，年度ごとのコンピテンシー評価は昇格に反映されるのが一般的である。

　賞与（一時金）は，80年代までは基本給に対する全社一律の月数（何カ月分）によって賞与原資が決定され，個々人への配分は業績考課によってなされていたが，成果主義のもとでの顕著な特徴は，賞与原資の配分にあたって，部門業績に応じた部門間での原資の傾斜的配分をした上で個人配分がなされるようになったことである。賞与（一時金）の原資配分に，ここでもPDCAによる部門業績管理が有意に作動してきたことが変化として明記されなくてはならない。

（1）　この節は石田（1990）と石田・樋口（2009）をベースに，石田（2014a；2020）等に基づく。

（2）　戦後の民主化で，戦前にあった職員（旧制中学以上の学歴）と工員（義務教育修了の学歴）の身分格差が解消されたが，なお賃金制度上は職員が月給で労働者は日給制であった。職員も労働者も社員として身分が同一化され賃金表も同一の表に表示されるようになった時期は，企業によって違いがあるが，遅い企業は1960年代後半の「能力主義管理」導入の時期であった。

（3）　王子製紙の戦前から終戦にかけての昇給方式は，田中慎一郎の語るところによれば基本的には，次のようであった。「全社的に決められた枠（昇給原資）の中で各工場長が従業員の成績によって自由に配分するというやり方をとっていた。その当時は労働組合もなかったし，また成績配分の基準も明確になっていなかったから，現場にはそのやり方に相当不満や文句があったようだ。とくに……仕事以外の私生活の面で上司の家に薪割りや，煙突掃除を手伝いに行くかどうか，といったようなことで，上司に気に入られた者とそうでない者とで昇給に差がつくということも少なくなかったようである。」（石田，1992，42-44頁。元の資料は田中，1983）。終戦後は，そういう昇給の年々の積み上げによって形成された各自の基本給をベースに，戦後の狂乱的インフレに対応するためにその基本給を，例えば単純に2倍にする等の方法で対処した。したがって，終戦後しばらくは人事考課に基づく昇給は，生計費確保のためのベースアップに埋没して実質的に機能しなかったと考えられる。

（4）　表1-2がこの時期のモデル的賃金であったのは，職務給の真剣な追求にもかかわらず，職務給が多数の企業に定着しなかったためである。

（5）　以下は石田（1990，38-41頁）

（6）　戦前の資格制度を旧王子製紙の事例でみると，戦中の昭和18年の身分制的資格制度は「社員・准社員・雇員・准雇員・上級（工頭）・一級・二級・三級」（田中，1984，151頁）となっていて，社員内部は工場長・工場長代理・工場係長・正社員と区分されている。職工（昭和18年より工員）の等級区分の方法は，日給高によって区分されていて，大正5年当時，一等職工は日給1円以上の者，二等職工は60銭〜1円未満，三等職工は60銭未満と規定されていた（石田，1992，39頁）。この日給高による等級区分は，昭和22年4月の身分制度撤廃以降1年余りを経た昭和23年8月の「分類法による職階給の導入」まで維持されていた。こうした事例から推測すれば，戦前からの連続性のある資格制度は，社員と工具の身分差は解消されているが，昇給積み上げ方式の日給高に表現される年功的な職場秩序をそ

のまま置き換えた等級区分であったと考えて大過ない。

（7）　小川（2020）およびその書評である石田（2021）参照。また，青木（2022）は大手鉄鋼企業の経営管理に関する詳細な歴史研究であるが，それによると，1963, 64年時点の戸畑製造所の業績管理は「スタッフによる標準設定とそれとの差異を基に現場の業績管理のPDCAをまわすという考え方からは脱却し切れていなかった」（146頁）が，「1966年から……年間業務目標制度を部下にブレークダウンし，現場末端の一人一人に至るまで『目標による管理』の一貫した運営を浸透させるべく……ZD運動を実施する。……戸畑製造所におけるZD運動は単に『ミスをゼロにしよう』という形に限定されず……コストダウンを実現し，それを管理者層の目標達成と結びつけ，製造所全体の業績向上を引き出すことに重点をおいて運営された。」（147-148頁。下線青木）。QCサークルやZD（ゼロ・ディフェクト）運動は，通常の仕事と分離した小集団活動としてではなく，コスト低減にも貢献するPDCAの職場レベルへの浸透に踵を接していた。これを梃子にした1965年前後の経営管理思想の大転換に注目すべきである。

（8）　生産職の中の保全職は徒弟訓練と職業資格が社会的に存在するが，生産に従事する生産職は徒弟訓練も職業資格も社会的に存在しない。それにもかかわらず，仕事内容の制限が顕著であるのは職場の労働組合の強固な職務規制が機能しているからである。何故，機能するかは事実を観察するほかない。

（9）　この小節は石田・樋口（2009）をベースにしている。

（10）　先にみた職務給の導入をめぐる議論でも，職務給において人事考課を加味することは当然視されており，この点は争点にすらならなかった。それが日本である。

（11）　Inagami & Whittaker（2005）が参照されるべきである。

（12）　Gibbs and Hendricks（2004）は米国の賃金制度について，次のように述べている。「賃金制度とその運用は市場的外部要因を目に見える形で取り込んでいるわけではないけれど，賃金制度は外部労働市場の要因をほとんどそのまま移し替えたものである。」（p.71）。日本はこのような断言から遠い。

（13）　事業計画のPDCA管理は，品質管理を中心に製造業大企業では高度成長期にある程度定着し（宇田川他，1995；小川，2020），その事業計画の全体が階層組織の末端にまで浸透しはじめたのが1960年代の半ば以降の能力主義の時代であり，人事制度との関連を一層強めたのが成果主義時代の特徴である。

（14）　最近のジョブ型賃金の議論は主として経営層のポジションに対する賃金

を念頭に置いている。この議論には一定の妥当性がある。しかし，なお留意すべきは欧米の場合は経営の組織構成の基準としてポジション（その集合がプロフェッション）が事前に設定されるのに対して，日本では現にいる在籍者の仕事をポジションとしているという相違である。在籍者の雇用保障が影響した経過的措置であり中長期的には欧米的な事前に設定されたポジションになるのかは注視されなくてはならない事柄である。

(15)　本文は一般的な傾向を述べた。個別企業の制度構築は多様であり，感覚的な記述であるが，経営層については役割等級よりもポジション等級に傾き（この場合でも等級区分はPのサイズ・重要性・難易度等による区分となる），一般層は役割等級よりも職能等級に傾く傾向がある。具体的には石田・上田（2022，第6章）を参照されたい。

(16)　2010年代以降，成果主義の失敗という論調が強まったが（例えば，濱口，2021，154-155頁），成果主義的改革に伴う社員等級制度，基本給の昇給制度は逆戻りできない制度として定着しており，より慎重な議論が必要である。また労働組合機能との関係について，三吉（2023）は，このゾーン別昇給表の意味するところは，「どのような仕事（≒等級）をどのくらいのできばえ（≒評価）で行った場合の対価（＝本給）が定まることと同義であり，……労働組合は昇降給テーブルのゾーンの境界額設定およびゾーン内の昇降給の符号設定をすることで，労働力の価格を集団的に交渉しているということに他ならない。」(124頁）と述べる。傾聴すべき貴重な解釈である。もう一つ注意すべきは降給となる人事考課対象者の比率を下げるとか，降給者への再訓練と一定の猶予期間をおく等の緩衝措置を労使交渉で設ける事例が多いと想定されるが，そうした事例の広がりに関する調査は管見の限り知り得ない。

# 2 英米：仕事基準の賃金（ジョブ型賃金）の実際

　「第1節」での日本の賃金制度の記述は通史的な概観であったが，ここでの英米の賃金制度は私が行った現地調査の結果に基づいている。英国の調査は1970年代末から1980年代の調査であり，米国の調査は2000年代半ばの調査である。私の力不足ゆえに，いずれも現在にまで及んでいない。時期的相違はあるにせよ，制度の詳細が「よくわかる」ことが重要である。調査時点における英米の賃金制度を紙幅の許す範囲で詳述するゆえんである。

## 1　英国の賃金：現地調査から

　私が実施した英国の現地調査は，1979年4月から7月に行った英国鉄鋼公社（British Steel Corporation＝以下BSC）のスカンソープ事業所の調査と，1986年4月から1987年9月の在外研究期間に行った英国全土の賃金制度調査（以下英国賃金制度調査）からなる。

　以下は，1-1でBSCスカンソープ事業所調査の要点を，1-2で英国賃金制度調査での要点を述べる。日本になじみのない仕事基準の賃金の実際をわかりやすく紹介した文献は管見の限り存在しないので，いずれも細部にわたる観察で，やや煩瑣にわたるが，「よくわかる」ためにはやむを得ないことである。

## 1-1 BSCスカンソープ事業所調査[(1)]

調査は事業所内の製鋼工場に限定して労使関係制度，要員運用，交替制勤務等を調べたが，本書では主として労働者の賃金制度と採用・訓練に関わる観察に限定して述べる。また工場の操業に従事する生産労働者と機械設備の保全に従事する保全労働者とで賃金制度が大きく異なるので，両者を区分して述べる。また，当時，所得政策のもとで生産性向上のための「生産性交渉」(Productivity Bargaining)がなされたが，この交渉も賃金制度の特徴をよく示しているのであわせて説明する。


### 生産労働者の賃金制度

スカンソープ事業所はBSCの拠点事業所として1973年に旧工場を刷新して新設された。ここで述べる製鋼工場は1基300トンLD転炉3基のうち2基操業で，年間540万トンの生産能力をもつ。製鋼工場は英国に典型的な複数組合主義であり，六つの組合がある。生産労働者は370人でISTC（鉄鋼組合）が360人を組織している。

賃金制度を概観した**図2-1**をみていただきたい。

職場は炉前，造塊，副原料，調整，クレーン，脱硫，スクラップ破砕の七つに区分され，各職場はいくつかの職務から構成される。職場内の各職務は昇進ラインで結ばれている。例えば炉前職場の場合，ノロ掻き方→銑鉄受払方→炉前三番手→炉前二番手→炉前一番手→炉前組長というように。各職務には，例えば炉前組長の場合，「（2）（1）720」との表記があるが，順に転炉2基操業時のシフト当たり要員数＝2名，同1基操業時のシフト当たり要員数＝1名，シフト（8時間）当たりの基本賃率＝7ポンド20ペンスの意味である。職務に要員とシフト当たり賃率がセットで結合されているの

だ。職場ごとの各職務は昇進ラインで結ばれていると述べたが，昇進の具体的な運用は先任権（Seniority）によって律せられている。例えば，炉前組長に昇進できる者は，その昇進ラインの直近下位職務の炉前一番手に一番早く昇進した者である。このように，上位職務に欠員が生じ直近下位職務の最長就任者が昇進していくと，各職場の一番低い賃率の職務，炉前職場ではノロ掻き方，造塊職場ではストッパー製造方等の職務に欠員が生ずる。この欠員の補充は図2-1の一番下に記しているユーティリティーマンからの補充になる。このユーティリティーマンは，後述するように中等教育を修了して新規に採用され，各工場の生産職場に配属された者がつく職務である。ユーティリティーマンからの上位職務補充の手続きは，特定職務の欠員の公示がなされると，その職務への昇進を希望するユーティリティーマンは工場支部の書記長か経営のスタッフ職であるテクニカル・アシスタントに書面で申し出る。複数希望者がある場合は，ここでも先任権順位の高い者が昇進することになる。なお，昇進ラインの編成の変更もときになされるが，組合支部の提案がそのまま通る。

　職務ごとの賃率の年々の賃金引上げ（＝ベースアップ）はBSC本社とISTC本部との中央交渉でなされる。工場と支部の決定に委ねられるのは，工場新設時の新職務設定の際の賃率決定と職務内容の変更に伴う賃率の改定である。

　以上，生産労働者の賃金制度は職務に一つの賃率が設定され，いうまでもなく人事考課の余地はなく，上位職への昇進は先任権順で決められるので，昇進をめぐる競争は排除されている。また，生産労働者から職長への昇進はほぼ断絶している。[2] 組合支部による反競争的で集団的な職務規制，昇進規制，および職務内容が変更された

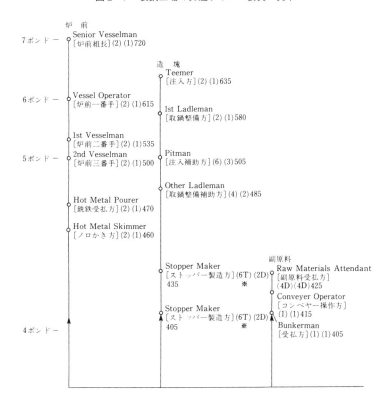

図2-1 製鋼工場の昇進ライン・要員・賃率

ときの組合支部の賃金交渉の余地の大きさが顕著である。[(3)]

## 生産労働者の生産性交渉

英国は1970年代コストプッシュインフレによる国際競争力の低下が慢性的問題であった。BSCも75年以降経営赤字が増大した。政府は所得政策による賃金引上げの法的抑制に乗り出したが，賃金引上

注 1) 和訳職名はかなり無理に訳出したものがあるので参考程度に考えてほしい.
   2) カッコ内の数字は, 1組あたりの要員数, 左は⅔基操業の場合（2基要員）, 右は⅓基操業
      の場合（1基要員）. なおTは2ないし3組の編成. Dは常昼勤. ※は組当り人員ではなく総
      員を示す.
   3) カッコの右の数字は8時間あたりの基本賃率 (Shift Datal Rate), 単位はペンス.
   4) 本表は1973年3月5日工場協約をもとに作成. 数字は全て1973年工場操業開始時点のもの
      である.
   5) なお, 次の職務は図中への記入を省略した. これはそれぞれ単独の職務であり, 昇進ライン
      を形成していない. Static Job と呼ばれている. Mould Preparer〔鋳型処理方〕(8)(5)450, Burner
      〔バーナー操作方〕(3)(3)415, Scrap Preparer〔スクラップバーナー操作方〕(2)(2)415, Vessel
      Wrecker/Reliner〔築炉工〕(6)(6)505

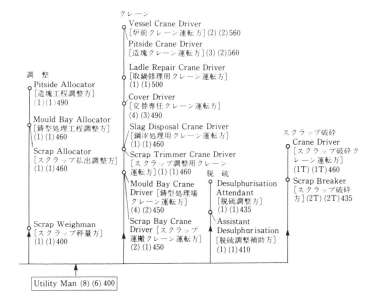

げを禁じたままでの生産性向上施策の実施は労働組合の合意すると
ころとならなかった。77年7月に白書『インフレーションへの攻撃・
1977年7月31日以降』は,「通常の団体交渉への秩序ある復帰」を
謳い, 同年8月以降, 生産性交渉が許容されることとなった。それ
は生産性向上の裏付けのある賃金引上げ交渉は国が許容するという
政策である。スカンソープ事業所に即していえば, 具体的には(ア)

職務ごとの作業方法の改善等を通じた要員削減と労務費削減額の見積もりのための組合支部と工場（＝課）間の協議を経て，（イ）事業所経営は（ア）を交渉原案としてBSC本社に提出し，本社の検討を経て産業省に申請し原案の承認を得る。（ウ）産業省の承認を受けて組合支部と工場は賃金引き上げ交渉に入り妥結を経て，（エ）産業省による妥結内容の承認という手続きを踏むことになる。

　（ア）の各職務内容の改定等は煩瑣にわたるので省略するが，賃金制度の特徴を理解する上で（ウ）の賃金交渉と妥結過程は興味深い。生産性交渉は労務費の節約分（savings）から何％を賃上げの原資にあてるのかという原資交渉と，その原資を各職務にいくら配分するのかという配分交渉となるが，組合の交渉圧力が強く，配分交渉が賃金原資を結果的に確定するという関係に立っていた。というのも，交渉のイニシャティヴは組合支部の側にあり，個々の職務への支部内部の配分原案を経営が無視し得ない関係にあったからである。

　支部内での配分問題の核心は各職務の生産性への貢献の度合いの評価をどうするかであった。支部書記長が各職務の貢献度を「腰だめ的」に見積もり支部執行委員会に示した。その見積もりは図2－2の通りである。下の柱のような棒グラフは支部書記長の「腰だめ的」な見積もりである。妥結額（実線の折れ線）は概ね支部の要求原案（破線の折れ線）に即したものになっている。

　妥結過程は英国労働組合主義の主体たちの気分をよく表現している。78年8月29日の妥結のための支部大会は午前と午後の2回にわたって開催された。午前の大会は妥結賛成52反対6，午後の大会は賛成42反対33で妥結は了承されたが，午後の大会で相当の反対票が投じられたことが注目される。

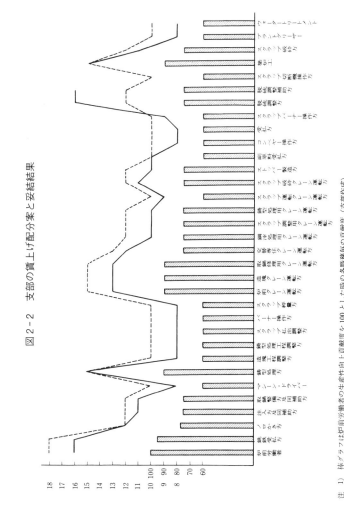

図2-2　支部の賃上げ配分案と妥結結果

注 1）　棒グラフは妥結前労働者の生産性向上貢献度を100とした時の各職務毎の貢献度（支部作成）.
2）　破線グラフは棒グラフをもとに妥結前労働者を18とし、最低職務を10とした配分比（数値はおくまでも配分比であるとされていた）（支部作成）.
　　　実線グラフは妥結結果でそのポンド（週約10.5ポンド（週当り賃上げ額）.『協約（11）』187頁）より作成.
3）　聴取参考資料及び Memorandum of Agreement on 1978. 10. 5（『協約（11）』187頁）より作成.

支部書記長は語る。「人間というのは奇妙なものだ」。他人の賃上げ額を聞いてそれまで満足していた人物が急に不平をならすようになる。われわれは大会前には妥結額を口外しなかった。そのため午前の大会は平穏であった。しかし，その日の午後皆は電話をしあったりして各職務の賃上げ額を知ることになった。「夕刻の会合はまったく見苦しい光景であった」。「誰もが自分の賃上げ額のことはかまわず」専ら議論は「なぜあの男がこれだけとるのか」ということだけに終始した。「ある人が私に自分らは週8ポンドの賃上げになるようだが君はというので，私は何も言えないとこたえておいた。（しかし大会で）私の職務が11ポンドの賃上げだということが判明すると……反対の投票をしたのである。4日前には8ポンドで喜んでいたのに」。支部大会の議事録には次のような発言が記録されている。「同志Lは長々と熱烈な口調で，自分は炉前労働者が1ペンスでも余計に受け取ることを希望するけれども，仮に彼らが週給100ポンドになるとすれば，同志Lの注入方は99ポンドかせぐことを望むものであると発言した」とある。

　詳細な説明は省くが，生産性交渉の結果，肝心のトン当たり労務費コストは私の計算では低下していない（戸塚他，1988，218-224頁）。


## 採用・徒弟訓練制度・配属

　生産労働者の賃金制度を述べたが，保全労働者は全く異なった賃金制度のもとにある。保全労働者の賃金について述べる前に，企業組織内の階層別職種別分業が採用時の学歴，訓練制度とどのように関係しているかを，図2-3を参照しつつ概観しておく必要がある。

　生産労働者の採用の中心は，中等学校を修了した16歳の若者でCSE（Certificate of Secondary Education）証書をもつ者であり，直ちに工場（＝課）に配属される（図中①）。ただし，16歳から18歳の間は未成年作業者（junior operatives）として軽易な仕事に従事し，18歳になるとユーティリティーマンとして前掲図2-1の昇進ライン

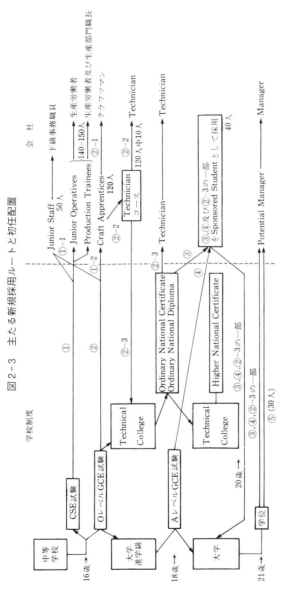

図2-3 主たる新規採用ルートと初任配置

注 事業所訓練課経営管理者訓練担当課長 W.S. 氏面接調査 (79年5月17日及び5月22日) 記録 (『実態 (Ⅱ)』Case 23 及び24) より作成. なお図中の人数は, 調査時点からみた最近年の実績概数.

の最下部に位置づけられ，上位職務の欠員補充等の仕事に従事する[4]。それ以後のキャリアは既述の通りである。

　保全部門に従事する労働者は16歳時点で受験するOレベルGCE（General Certificate of Education）証書の取得者からの採用で，CSE証書よりも学力の高い若者たちである。彼らは16歳から20歳にかけて徒弟訓練を受ける（以下は後掲表2‒5も参照されたい）。事業所には職種ごと（機械工，電気工，パイプフィッター，煉瓦工等）の教習所（apprentice training school）があり，教習所で通常2年間の座学と基本的実技の習得を行い（週1日の最寄りのTechnical Collegeでの学科教育を含む），残りの2年間は異なった設備のある複数の工場に出向き，各熟練職種に配置されている指導員の指導のもとで保全の実習訓練を行う。こうした徒弟訓練の実技訓練のカリキュラム構成，訓練成果のモニタリングは法定の産業別訓練ボード（Training Board）の所管であり，学科教育はCity & GuildsもしくはBTECの所管である。徒弟は4年間の訓練を終え20歳で修了試験に合格すれば，実技訓練の証書と学科教育の証書の二つの証書が授与されクラフツマンの公的資格を取得する（石田，2000a，68頁）（前掲図2‒3の②‒1[5]）。クラフツマンの上位にテクニシャンと呼ばれる資格グレードがある。保全部門のマニュアルグレードの最上位で，電気関係でいえばエレクトロニクス等の習熟者で徒弟訓練の中でもテクニシャンコースを修了した者である（前掲図2‒3の②‒2）。なお，外部からクラフツマンを中途採用した場合には，鉄鋼関連の設備への習熟を促すために特別の訓練を行う。

　エンジニアを含む経営層に就任する学歴上の資格要件にはいくつかの経路がある。最もわかりやすいルートは大卒の学位取得者（前掲図2‒3の⑤）であるが，その他に奨学生（Sponsored Student）とし

て採用し，大学に派遣して大卒学位取得者として処遇するコースがある。この経路には，次の三つがある。（ア）16歳でOレベルGCE証書をもち，Technical Collegeの全日制のコースに進学しOrdinary National Diplomaを取得して採用になった者（前掲図2‐3の③），（イ）16歳での採用後，徒弟訓練のテクニシャンコースの訓練を受けながら，Technical Collegeに通学しそこでOrdinary National Certificate（全日制ではなく通常週1日の通学を前提にした修了資格）を取得した者（前掲図2‐3の②‐3）の中での一部の優秀者，（ウ）OレベルGCE証書が優秀で，2年間の大学進学級（6th Form）に進学し18歳で受験するAレベルGCE証書の優秀者で採用になった者（前掲図2‐3の④）の三つの経路である。これらの者たちは技術分野であればアシスタント・エンジニア，生産分野であればテクニカル・アシスタント等の初任職務に配置され，その後は課長，部長へと昇進していく。

　最後に，図表に表示されていないが，最下層のレーバー・プール（Labor Pool）がある。これは事業所内の建物の取壊し作業や清掃作業等の単純労働に従事する直接雇用の労働者たちで，日勤であるために（夜勤がないために）ここに継続してとどまる人々が多い。中にはレーバー・プールの職長の推薦で工場のユーティリティーマンに異動する者もある。中高年労働者でクラフツマンでもなくスタッフでもない労働者で製鉄所に採用になるにはこのレーバー・プールに入るほかない。


保全労働者の賃金制度

　さて，表2‐1は保全部門の労働者の賃金制度を概括的に示したものである。賃金は（ア）時間賃率部分，（イ）WMボーナス，（ウ）

表2-1　保全部門の賃金制度

| Occupation | 勤務形態（トンのみを除きシフトを示した21のラフ） | 時間賃率部分 時間賃率(Hourly Rate)① | 給交替割勤務特別増(Shift Working Extra)② | 総時間賃率(Gross Total Rate)③=①+② | 支払労働時間(Hours Paid)④ | 分当り(Gross Datal Earnings)⑤=③×④部 | WM ボーナス Wに90M おB% performance 一ナ時ス当り部⑥ | 労WM働時ーナ間ス支払⑦ | ナ選ボりスーナ M=1⑧=⑥×⑦ | デパートメンタル・ペイメント 場労40C合働時額の間域⑨ | 週給総額 ⑤+⑧+⑨ |
|---|---|---|---|---|---|---|---|---|---|---|---|
| Instrumental & Electrical Technician (実作業) | 21 shift | 169.21p | 5.94p | 175.15p | 52.143 | 91.33£ | 35.48p | 40 | 14.19£ | 2.54£ | 108.06£ |
| 同上(実作業をしない場合) | 21 shift | 164.46 | 5.94 | 170.40 | 52.143 | 88.85 | 35.48 | 40 | 14.19 | 2.54 | 105.58 |
| Craftsman | 40 hrs | 160.30 | — | 160.30 | 40 | 64.12 | 35.48 | 40 | 14.19 | 2.54 | 80.85 |
| 同上 | Day Rota 45hrs | 160.30 | — | 160.30 | 45 | 72.14 | 35.48 | 40 | 14.19 | 2.54 | 88.87 |
| 同上 | Day Rota 46hrs | 160.30 | — | 160.30 | 46 | 73.74 | 35.48 | 40 | 14.19 | 2.54 | 90.47 |
| 同上 | 2 shift | 160.30 | 3.57 | 163.87 | 42.50 | 69.64 | 35.48 | 40 | 14.19 | 2.54 | 86.37 |
| 同上 | 2 shift Rota | 160.30 | 3.57 | 163.87 | 49.25 | 80.71 | 35.48 | 40 | 14.19 | 2.54 | 97.44 |
| 同上 | 21 shift | 160.30 | 5.94 | 166.24 | 52.143 | 86.68 | 35.48 | 40 | 14.19 | 2.54 | 103.41 |
| Semi-skilled Maintenance Hand | 21 shift | 138.86 | 4.16 | 143.02 | 52.143 | 74.57 | 26.60 | 40 | 10.64 | 1.90 | 87.11 |
| Average of other Semi-skilled | 21 shift | 131.75 | 4.16 | 135.91 | 52.143 | 70.87 | 22.18 | 40 | 8.87 | 1.58 | 81.32 |
| Utility Hands | 21 shift | 123.45 | 4.16 | 127.61 | 52.143 | 66.54 | 17.75 | 40 | 7.10 | 1.28 | 74.92 |
| Handymen | 21 shift | 119.13 | 4.16 | 123.29 | 52.143 | 64.29 | 14.20 | 40 | 5.68 | 1.03 | 71.00 |
| Craftsmen Labouring | 21 shift | 118.11 | 4.16 | 122.27 | 52.143 | 63.76 | 14.20 | 40 | 5.68 | 1.03 | 70.47 |
| 4th Year Apprentices | 21 shift | 120.25 | 4.16 | 124.41 | 52.143 | 64.87 | 19.95 | 40 | 7.98 | 1.44 | 74.29 |
| 3rd Year Apprentices | 21 shift | 104.18 | 2.97 | 107.15 | 52.143 | 55.87 | 13.30 | 40 | 5.32 | 0.95 | 62.14 |

注　聴取（1979. 6.15）参考説明資料より作成。支払労働時間は時間賃率に関しては土日勤務、深夜勤務を勘案した形に応じて実働時間より通常より多くなるが、WMボーナスとデパートメンタル・ペイメントは全て実労働時間をもって支払労働時間とされる（実態（II）Case 21）。

デパートメンタル・ペイメントの三つからなる。

（ア）の時間賃率部分は基本給にあたる項目であるが，時間賃率の格差は生産労働者のように職務の相違によってではなく，熟練の相違に基づいている。基本的には，テクニシャン，クラフツマン，セミ・スキルド等（ユーティリティー・ハンズ，ハンディマン，クラフツマン・レーバリングを含む），徒弟（4年目），徒弟（3年目）の区別である。この区別の基本は徒弟訓練制度（クラフツマンおよびテクニシャン）の修了者か否かである。時間賃率部分は，この①時間賃率に②交代制勤務特別加給を加えた③総時間賃率に④支払労働時間（Hours Paid）を乗じて決定される。支払労働時間は日勤，3交代勤務，2交代勤務等の交代制勤務に応じて異なることが影響する。

（イ）のWMボーナスは，1973年WMIS（Work Measured Incentive Scheme）協約に基づいて導入された労働生産性に応じた能率給である。生産性の算定は，実効達成率＝（計測基準時間standard hours of measured work÷実働時間）×100という算式によってなされる。

（ウ）のデパートメンタル・ペイメントは作業環境等を勘案して各課を4段階に区分して支払われる週払いの環境手当である。図中には特定区分（C領域）の支払額が示されている。


## WMボーナスの仕組み

WMボーナスの導入目的は「保全労働力から可能な最大の労働生産性をひき出すこと」であった。上述した実効達成率は，達成率に対応した**表2-2**のようなWMボーナス表に展開される。達成率66が最低保障となっている。計算単位は作業集団単位である。集団ごとの達成率が算定されたら，表2-2により個々人のWMボーナスが確定され，それに各自の出勤状況を反映した労働時間が乗ぜられ

表 2 - 2　WMボーナス表

| Effective Performance | Incentive Payment | | | | | |
|---|---|---|---|---|---|---|
| | Craftsmen | Semi-skilled Maintenance Hands | Other Semi-skilled | 4th Year Apprentices | 3rd Year Apprentices | Utility Hands |
| 66 | 5.00£ | 3.75£ | 3.12£ | 2.80£ | 1.81£ | 2.50£ |
| 67 | 5.13 | 3.84 | 3.20 | 2.87 | 1.92 | 2.56 |
| 68 | 5.25 | 3.94 | 3.28 | 2.94 | 1.96 | 2.63 |
| 69 | 5.38 | 4.03 | 3.36 | 3.01 | 2.01 | 2.69 |
| 70 | 5.50 | 4.13 | 3.43 | 3.08 | 2.06 | 2.75 |
| 71 | 5.63 | 4.22 | 3.51 | 3.15 | 2.11 | 2.81 |
| 72 | 5.75 | 4.31 | 3.59 | 3.23 | 2.15 | 2.88 |
| 73 | 5.88 | 4.41 | 3.67 | 3.30 | 2.20 | 2.94 |
| 74 | 6.00 | 4.50 | 3.75 | 3.37 | 2.25 | 3.00 |
| 75 | 6.13 | 4.59 | 3.83 | 3.44 | 2.29 | 3.06 |
| 76 | 6.25 | 4.69 | 3.90 | 3.51 | 2.34 | 3.13 |
| 77 | 6.38 | 4.78 | 3.98 | 3.58 | 2.39 | 3.19 |
| 78 | 6.50 | 4.88 | 4.06 | 3.65 | 2.44 | 3.25 |
| 79 | 6.63 | 4.97 | 4.14 | 3.72 | 2.48 | 3.31 |
| 80 | 6.75 | 5.06 | 4.22 | 3.79 | 2.53 | 3.38 |
| 81 | 6.88 | 5.16 | 4.30 | 3.86 | 2.58 | 3.44 |
| 82 | 7.00 | 5.25 | 4.37 | 3.93 | 2.62 | 3.50 |
| 83 | 7.13 | 5.34 | 4.45 | 4.00 | 2.67 | 3.56 |
| 84 | 7.25 | 5.44 | 4.53 | 4.08 | 2.72 | 3.63 |
| 85 | 7.38 | 5.53 | 4.61 | 4.15 | 2.76 | 3.69 |
| 86 | 7.50 | 5.63 | 4.69 | 4.22 | 2.81 | 3.75 |
| 87 | 7.63 | 5.72 | 4.77 | 4.29 | 2.86 | 3.81 |
| 88 | 7.75 | 5.81 | 4.84 | 4.36 | 2.91 | 3.88 |
| 89 | 7.88 | 5.91 | 4.92 | 4.43 | 2.95 | 3.94 |
| 90 | 8.00 | 6.00 | 5.00 | 4.50 | 3.00 | 4.00 |

注　1973年協約 Appendix D より転載. なお実効達成率は当然 90 以上もあるが，省略.

る。したがって，作業集団内の個々人の作業能率の格差はボーナス
に反映されないが出勤状況は反映される。

　生産性算定式の，分母の実働時間は，ボーナスグループ全員の出
社時と退社時に打刻されるタイム・カードを週単位で集計すること
によって確定される在社時間から組合活動や訓練の時間および作業
の待ち時間を控除した時間である。他方，分子の計測基準時間の設
定には計画評定係員（planner estimator）があたる。個々の保全労働
者は始業時に職長から作業カードを受け取り，そこに記載されてい

る作業を遂行し，作業が終了したらその作業カードを職長に返却する。作業カードには当該作業の計測基準時間があらかじめ記入されているので，返却された作業カードの計測基準時間を作業集団単位内の全員について週単位に集計し，それを同じく全員の実働時間の集計で除せば当該集団の実効達成率が算定できる仕組みである。

### 運営上の諸問題

実効達成率計算の実務は表面的には問題がないようにみえるが，一歩踏み込んでみると次のような問題点が潜伏している。（ア）基準時間の設定をめぐる問題，（イ）日常的な業務管理の不備に起因して発生する問題，（ウ）職場規律の劣化や保全労働者個々人のモチベーションの低下の問題である。

（ア）基準時間の設定をめぐる問題：この設定には，経営側の計画評定係員と労働組合の職場委員の合意が必要になっている。基準職務の基準時間は，休憩時間の設定をめぐって紛争になり，ときに何年にもわたることがある。また，基準職務以外の基準時間設定も，基準職務の構成要素である各要素作業の基準時間（スロット・タイム）との類似性で評価することになっているが，これは不断の職場交渉事項になる。具体的には，スロット・タイムが「2人のクラフツマンと2人のメイツで作業をすることを前提にしていたのに，職長が2人のクラフツマンと1人のメイツというふうに要員削減をした場合」や，「地上作業として測定されたものを，クレーン上での作業に適用しようとした場合」等である。こうした基準時間をめぐる紛争は作業の遅延を引き起こすので，実際の処理は「職場委員と職長やアシスタント・エンジニアの間で処理されてしまう」。処理とはつまり「作業測定を全くせずに，職場交渉で（労働者が満

足するような）時間設定がなされる」ことを意味している。

　（イ）日常的な業務管理の不備：出来高賃金制度の基準時間設定をめぐる紛争多発性は政府もつとに問題視した点であったが（NBPI, 1968），より根源的な問題は経営管理の不備にあった。具体例に事欠かないが，二三の例を挙げれば，作業カードに記載されている通りに「器材置場に部品をとりに行くと，そこに置いてない。そこでわざわざ中央工作場まで行かなくてはならない。そういうことがしょっちゅうで時間がかかる。」「またある仕事につくことになっていて，そこにはクレーンが必要だとする。ところが行ってみるとクレーンがない。そこで生産の方に電話をしてどうしたんだ，クレーンはどこに行ったんだと言う。……そうすると連中は，すまん，故障がおきたとか何とか言う。そっち（クレーン修理）にまわしている，と言う。」（戸塚他, 1988, 259頁）。これらは職場委員のインタビュー記録である。業務計画を作業カードに展開しているエンジニア（Assistant Engineer Planning & Administration）は言う。「もっともむつかしいのは，クラフツマン……が職場に行った時仕事ができるようにしておくことがもっともむつかしいのです。というのはよくあることだが，生産部門と調整しながらクレーンを手配しなくてはならない。またあらゆる器具を用意しておかなくてはならない。しかしクラフツマンが仕事につくまでに生産部門が態度を変更して，何が具合の悪いことがおきてこっちにまわせないということになる。……（この場合）クラフツマンはボーナスをかせぐことなく待つということになる。……このことが彼らの大きな不平になるわけですよ」（同上）。こうした不平に対して，職長は空いた時間に不必要な仕事をやらせて，事後的に計画評定係員が時間評定をして辻褄を合わすとか，待ち時間分をアラウアンス・タイム（余裕時間）

として基準時間に組み入れるということが発生する。

　この業務管理の問題と密接に関係している事柄として，中央工作場は機械工作作業であるために事前の業務計画が立てやすく，他方，生産工場の整備部門は生産事情に影響されて計画通りの実行が困難であるために，前者は後者よりも実効達成率が高くなるというアンバランスが生ずる。このアンバランスの処理のためにも上のような「処理」が必要になる。

　（ウ）職場規律の劣化とモチベーションの低下：「作業測定を全くせずに，職場交渉で（労働者が満足するような）時間設定がなされる」ことや，不必要な仕事をやらせて辻褄を合わすこと，待ち時間分のアラウアンス・タイムとしての基準時間への組み入れという事態は，WMボーナスの労働生産性向上という目的を裏切るだけでなく，職長の職場管理が作業グループの圧力に屈しやすい職場規律の劣化を生む。そうなるのも，「職長は誰でもクラフツマンからの出身です。だから（こうしたかけひきを）自ら少し前までやっていたわけだから，それをどうこうしようという気持ちはないわけです」（同上）と一職場委員は語る。

　さらに，生産増になって保全作業が増大すると，能率向上よりも残業手当の獲得に走る。「40時間内に多くの仕事をして達成率120をあげるよりも，48時間かけて100の達成率ではあるが8時間分の時間外労働をする」（同上，260頁）。また，作業グループの集団能率給であるため「仕事が速く若くて健康な労働者は，仕事の遅い者や高齢者などよりもグループのボーナスに貢献しているのにもかかわらず，同額のWMボーナスしかかせげないためにうんざりしてくる。」（同上）。

英国鉄鋼公社スカンソープ事業所調査を振り返って

　以上，紙幅の許す範囲で生産労働者と保全労働者の賃金制度，および生産性向上と賃金制度との関連を説明した。端的にいって，日本ではあり得ない事態である。人事考課の実施等は論外で，生産性向上の施策が赤裸々な取引に転化してしまう英国，賃金を労務管理の手段として行使し得ない英国，労使紛争が経営の管理能力の欠如に起因している英国。これらは日本がいかなる国であるかを雄弁に語っている。


1-2　英国賃金制度調査

　1979年のBSC調査の後，1986年4月から1987年9月の在外研究で英国全土の賃金制度調査を試みた。経営者を除いた賃金制度である。以下では多くの事例の中から代表的である（1）ジャガー自動車会社と（2）プジョー・タルボット自動車会社の2社の事例を述べ，（3）でその事例に込められている主たる論点を軸に他社の事例も加味して英国賃金制度の実情を探りたい。


（1）ジャガー自動車会社[6]
○基本給
　現場の生産労働者の賃金は全社統一の五つのグレード（等級）にそれぞれ一つの賃金が設定されている。表2-3を参照されたい。

　人事考課はない。グレード1は機械保全に従事するクラフツマンの等級であり，EITB（Engineering Industry Training Board，機械産業訓練ボード）が発給するクラフツマンの資格免許証が必要である。その他の等級は職務評価に基づいて設定され，その設定にあたっては57の基準になるベンチマーク・ジョブを等級に振り分け，それ以

表2-3　ジャガー自動車会社の賃金表

現場労働者（日勤シフト，週39時間の場合）

| グレード | 週給（ポンド） | 備　　　　考 |
|---|---|---|
| 1 | 184.25 | クラフツマン |
| 2 | 172.95 | ⎫ |
| 3 | 170.50 | ⎬ セミ・スキルド |
| 4 | 160.45 | ⎭ |
| 5 | 150.20 | アン・スキルド |

スタッフ（週39時間の場合，年俸：ポンド）

| グ　レ　ー　ド | 最　低 | 自動昇給上　限 | 最　高 |
|---|---|---|---|
| ET/CCA/WSG1 | 11,563 | 14,212 | 18,456 |
| ET/CCA/WSG2 | 10,547 | 12,448 | 15,753 |
| ET/CCA/WSG3 | 9,591 | 11,104 | 13,552 |
| ET/CCA4 | 8,249 | 9,188 | 11,065 |
| ET/CCA5 | 7,558 | 8,285 | 9,791 |
| CCA6 | 7,047 | 7,702 | 8,965 |
| CCA7 | 6,685 | 7,235 | 8,304 |

（注）　ETはエンジニア・技師，CCAは事務職員，WSGは現場監督層。
　　　経営者は含まれない。
（出所）　Jaguar Cars Ltd, Pay and Conditions Agreement Covering
　　　Hourly Graded Employees, 1 Nov. 1986－31 Oct. 1988 および,
　　　Pay and Conditions Agreement Covering Staff Employees, 1
　　　Nov. 1986－31 Oct. 1988より。

外のジョブはベンチマーク・ジョブとの比較で等級に振り分けられる。個々人のグレードが勤続とともに昇格することは前提とされていない。職務が変わらない限り同一等級にとどまる。

　多人数が位置づけられる組立職務は等級3であるが，この位置づけはもめたという。労働組合（七つの組合があるが生産職の多数は運輸一般労組〔TGWU〕であり，その他は保全職の組合である）が納得しなかったためである。「職務の等級区分はいろいろな過去からのいきさつがあって常に非常に神経を使うことだ」という。

　　雇用関係取締役のヒアリング記録より：「労働組合はジャガーの組立

工はBL（British Leyland）の組立工よりもある意味で優れている，だからここの最終組立職務は等級2に位置づけるべきだと主張したんです。経営としては認めるわけにはいかなかった。経営は"職務は非常に類似している，どこが違うのか"と言って拒否しました。この点を巡って大変な議論になったが，経営は断固拒否した。労働組合は，経営が57のベンチマーク・ジョブの一覧に最終組立職務を入れないことを主張したので，それは認めてやって何とか決着した。」

　技術革新に伴う等級制度の問題は，クラフツマンとエンジニアの中間であるテクニシャンをどう位置づけるかが懸案であるという。

　スタッフの基本給は表2-3のように，年収ベースで表記されていて，賃金というよりも俸給の概念に近い。注目すべきは人事考課が組み込まれていることである。中間点まではほぼ自動昇給であるが，中間点以降は人事考課に基づき昇給する。人事考課は制度化された目標面接に基づいて行われている。スタッフは四つの労働組合（TASS, ACTSS, ASTMS, APEX）によって組織されているが，1984年[7]に導入されたと思われるこの制度に反対しなかったのだろうか。

　　同上ヒアリング記録より：「彼らは基本的には人事考課に反対していると思うが，がまんしている。私は彼らがそれに同意することを期待しているわけではないのです。これは経営の施策です。経営が実施した。ただそれだけのことです。これが経営の仕方というものです。」「労働組合は人事考課の基準や手続きについて主張はしませんでしたか。」「しません，しません。彼らは人事考課を認めていないのだから，そこに立ち入った議論はできないわけです。（笑い）」

　仕事の管理に起因するスタッフの目標がどのような性格であるのかが，より立ち入って考察されなくてはならないが，この問題は第

Ⅲ部に持ち越される。

　以上は基本給であるが，英国の場合，これに能率給が付加される
のが普通である。


○能率給

　ジャガーの生産労働者は，基本給に付加して能率給が支払われて
いる。能率の算定に基づいて（ボーナスと呼称されている）能率給が
支払われる。能率の算定は計測された基準時間に対する実際時間の
比率をもってする。能率計算の組織単位は工場単位で，エンジン・
トランスミッション工場，最終組立工場ごとに算出される。能率に
応じて最高週38.75ポンドが生産労働者に支払われる。

　スタッフには上記工場部門のボーナスの50％とスタッフ1人当た
りの企業の販売額の指標に基づくボーナスが50％の比率で支払わ
れ，その合計のボーナスの天井は生産労働者と同額の週38.75ポン
ドに設定される。

　しかし，問うべきは，BSCのWMISに基づくボーナスをめぐる職
場の混乱や，ジャガーが84年まで所属していたBLの混乱も能率給
に随伴していた（戸塚他，1987）のであるが，このボーナスをめぐっ
て紛争はないという。何が変わったのか。


　　同上ヒアリング記録：「このボーナスは工場全体が一つの単位になっ
　たことです。」「職場単位ではなくて工場単位になったということです
　ね。」「工場の全労働者が一つの単位になっている上に，基本給のグレー
　ドによってボーナス額は変わらず全員が同額を受けとることになりま
　す。この仕組みが導入されたのは1980年ですが，それ以前は膨大な数
　の出来高賃率（piece work rates）があり，基本給の等級制度もなく，
　全くの混乱状態でした。5つの等級制度，ベンチマーク・ジョブ，こ

の工場単位でのボーナス制度，これらすべては1979年から80年のマイ
ケル・エドワーズの時代の大変革の中心軸になった制度です。」

　したがって，この変化の大前提にはBLのエドワーズ社長が後に
「おそらく戦後のもっとも重要な労使関係措置」（Edwardes, 1983,
p.125）であったと回顧した強硬的措置と，その成功によって，労働
者の態度変更が促されたことがあったことを忘れてはならない。だ
が，賃金論としては次の点も無視し得ない。ボーナスの管理の単位
を職場ではなくて工場レベルにしたことによって，能率に関わる取
引事項が消失して職場交渉が成り立ちにくくなったことに加え
て，能率算定についてのガバナンスが定着したことも変化に寄与し
ている。

　　　同上ヒアリング記録：「労働組合からの不満がかなりあったけれど持
　　続的ではないのです。ボーナス計算に組み込まれる数値である生産量
　　や投入労働時間等は，月次に開催される労使検証委員会で確認されて
　　いるので，その場で解決されているからです。それでも従業員の中に
　　は“我々ではコントロールしようがない他職場の装置が故障していて，
　　さもなければもっとボーナスが増えたはずだ”という不満を唱える者
　　がいますが，経営としては，“このボーナス制度は工場の全員に適用さ
　　れるものであるから，個々人がチームの一員である，そのことが制度
　　の真髄であるから，チームでやりきることが大事だ”と言う。これは
　　酷な言い方かも知れないが，この立場は首尾一貫して維持していま
　　す。」

　そうだとすれば，職場のチーム内外の協力で工場の管理が首尾よ
く運用できるかどうかが問われるが，この問題も第Ⅱ部の仕事のガ
バナンスの議論に持ち越される。

○到達点としての a rate for the job

　日本の常識からすれば仕事に一つの賃率（a rate for the job）は，労働者のモチベーションの向上を促す機能を全くもたないまことに無味乾燥な制度にみえるが，この国の歴史からすれば，混乱した労使関係を克服した一つの大きな達成であった。

　この到達点は，しかし，労働者のやる気を動員できない極めて控えめな達成である。何故労働者に人事考課がなされないのか。


○人事考課

　　同上ヒアリング記録：「手紙に同封したように日本と英国の労働者の賃金制度の最も大きな相違はこの国の労働者の賃金に人事考課が入っていない点だと思います。その理由は何故でしょうか。」「あなたは本当にきわどい問題をよく尋ねますね。歴史的には1940年代から50年代に私はフォードで働いていたことがありますが，当時はフォードに人事考課給（merit pay）がありました。基本給のベースである２シリング６ペンスに対して最高６ペンスの人事考課給を上乗せしていたので，20％の上乗せに相当し，当時はかなりの重みをもっていました。ボクゾール（Vauxhall）などもそうだったと思います。やがて組合は考課給に絶対反対の立場をとるようになりました。反対の理由は"えこひいき"になるからというわけです。昔は人事考課をしていたけれど，確かに今はありません。これは非常に神経をつかう問題ですが，私は人事考課の必要性は疑いもなくあると思っています。技能向上，多能工化，能力向上の見返りに（能率給などより）もっと本格的な何らかのインセンティヴを提供する必要があると思い始めています。そうした切迫感が広がっています。申し訳ないけれど，これは日本の英国進出企業に刺激されてのことです。日産ですね。しかし，日産のように新開地（green field）でない以上，組合はなお反対に出るでしょう。」

では，具体的に人事考課の導入をどのように見通すのか。

　　同上ヒアリング記録：「しかし，物事は，結局は変わるのです。その
　兆候がみられているわけですし。加えて，経営者と労働者の身分格差
　の解消（harmonization）が状況を変えるだろうと思う。説明したよう
　にスタッフは等級ごとの範囲給になっているのだからね。この身分格
　差の解消の原理が身分格差解消後の賃金制度に浸透してくるに違いな
　いと確信しています。」「それにしても労働組合の抵抗は大きいですよ
　ね。」「そうです，非常に大きいです。しかし，私の哲学ですが，競争
　圧力，市場の圧力，効率性の圧力，これらすべてが我々をより効率的
　に仕向けると考えています。こうした圧力が労働組合の態度を含むと
　ころの大きな山を事実上動かすと考えているのです。」

付け加える点はないだろう。


## （2）プジョー・タルボット自動車会社[(9)]
○基本給
　労働者の基本給は**表2-4**の通りである。この賃金表は基本的に
前掲表2-3のジャガー自動車会社と大差がない。A+とAはクラフ
ツマンで，それ以下の職務は（職務評価をするかどうかは不明である
が[(10)]）各工場で呼称されている職務名称（local title）に即してすべて
いずれかのグレードに区分されている。手元にある協約には約200
の職務が列挙されている。グレードごとに一つの賃率であり人事考
課はない。

　このような等級別基本給が全社統一で整備されたのは1979年で，[(11)]
80年代に入って表2-4のB1等級とA+等級が新設された。その事
情はこの賃金制度と当事者の心情を知る手掛かりになる。

表2-4　プジョー・タルボット自動車会社の賃金表

| グレード | 週給 | 代表的該当職務 |
|---|---|---|
| A+ | 171.33 | Maintenance Tradesperson |
| A | 163.17 | Toolmaker |
| B 1 | 149.98 | Mechanicak/Electrical Rectifier |
| B | 146.32 | Production Operator |
| Depot Operative | 144.00 | |
| C | 141.68 | Material handler |
| D | 133.52 | Plant Attendant |
| E | 121.01 | Janitor |

　人事労使関係担当役員のヒアリング記録：B1は塗装，溶接，不良の手直しなどの特別な技能をもつ作業者の等級でB等級よりも週給3ポンド高くした。A+等級はクラフツマンの中でも電気工（electrician）の仕事と機械工の仕事にまたがった多能的技能を持つクラフツマンの等級である。A+はマイクロエレクトロニクスの機器が導入されている工場や高度な水圧機器，空圧機器，エレクトロニクスの結合した技術の必要な工場に適用する。「この新等級の導入に対する労働組合の対応はどうでしたか。」「我々は恐ろしく多額の賃上げをこの技能に対して要求するのではないかと心配していました。実際は，彼らは静かに説明を聞き，ほとんどコメントすらせずに，この問題は交渉になりませんでした。これには非常に驚きました。」「その理由は何だと思いますか。」多くの人が失業しており，この企業でも雇用が激減したことを経験している。また，高度な技術の機械が工場に導入されている。このため，「この技術についていけなければ剰員整理の対象になると考えたのです。……また電気工組合は特にそうですが，機械工組合も少し遅れて，自らが鍵となる熟練工を供給できれば産業内でより強力な影響力を持ちうると判断したわけです。」

そうなると，追加訓練をどう行うかが問題である。

　同上ヒアリング記録：訓練の場合，技能水準が重要である。EITBの訓練課程はモジュールとモジュールを細分化したセグメントを規定し

ており，これが技能水準を示している。「再訓練ですからいくつかのセ
グメントを選択するのですか。」「適切だと考えるセグメントを選択し
ます。それが必要な訓練内容と技能水準を示してくれます。」「訓練の
希望者が多数になったらどうやって順位づけるのですか。」「第一にそ
ういう技能を必要とする職場に所属しているかどうかです。その必要
のない職場の労働者で訓練を希望する者はそれを必要とする職場に配
置換えになります。もう一つの基準は作業者の優秀性であり，職長が
選抜します。」

　企業内の再訓練が，産業別に政労使を構成主体として設置されて
いる訓練ボードの定めた訓練課程のモジュールやセグメントと密接
に関係していることが重要である。企業は訓練ボードの担当スタッ
フと話し合って，企業の要望に適したモジュールやセグメントを選
択して再訓練がなされるという仕組みに注目すべきである。技能の
社会的標準化が確保され，社会的に標準化された技能が企業間労働
移動の重要な指標になる。
　スタッフの基本給は，これもジャガーのそれと同様の制度であ
る。等級ごとの範囲給であり，中間点まではほぼ自動的に年々昇給
し，中間点以降上限までは人事考課による昇給である。ただし，円
滑に進んだわけではなかった。[12]

○歴史的前提
　日本に比べてまことに無味乾燥な基本給制度は，ジャガーと同様
に労使関係の一つの到達点であり達成であった。このことを理解す
るためには1979年に至る賃金制度の変遷を瞥見しなくてはならな
い。
　（ア）1969年以前：1969年以前の賃金制度は圧倒的な比重を占め

る出来高賃金（piece rate）に極めて少額な基本給が支払われていた。出来高賃金の詳細を語るだけのヒアリングはできていないが，個々の課業（task）について設定された基準時間に対する実際時間の比率で能率を確定するはずのものが，実際には，BSCのWMISについて既述したような職長と職場委員の間での各種交渉にさらされ，結果的に「いくらになれば」納得するかの交渉に転化しやすい。[13]「出来高賃金制の下では職場委員は，毎日，一日中仕事の価格の交渉をしていた」。1969年に計測日給制に切り替える直前には，工場にはほぼ「2000の価格があった。というのは2000の細かな価格交渉があちこちにあった」ということだ。[14]驚くべきことである。

（イ）1969年から1979年：上記出来高賃金は69年に計測日給制（measured day work）に切り替えられた。これが何を意味するのかヒアリング記録を手掛かりに考えよう。

> 　同上ヒアリング記録：「1969年から賃金交渉は工場レベルの年一回になった。協約改定時だけの交渉です。しかし，毎日不断に職場交渉になじんできた組合はこう言うのです。"我々は1ポンドだとか何とかは，もう一年間決まっているので交渉はしない。今後は1ポンドに対してどれだけ働くかを交渉する"と。だから69年以降計測日給制になったが，職場委員は何人がその仕事をするのかの交渉にすべての時間を費やすようになったのです。それで，69年から10年間，いわば，工場に非効率を埋め込む交渉を強いられた。わが社も毎年車を何台売るかという点ではBLやフォードと少しも違わないわけで，工場が止まることになるよりも人員を追加するほうを選ぶことになります。」

このヒアリングから，次のことがわかる。69年から79年の時期は，①賃金は基本給と計測日給制と呼ばれる能率給で構成されている。②この場合の能率給は69年以前の「2000の細かな価格交渉があ

ちこちにあった」という乱雑な状況から，「協約改定時だけの交渉」
に整序された。この年一回の交渉は基本給の改訂と能率給の改訂で
あり，能率給の改訂は工場単位での，標準時間の総合計（車種ごと
の標準時間の総合計）÷実際時間＝能率で算定されるところの能率指
数に対応した能率給表の改訂であろう。BSCの前掲表2-2のよう
な能率給表の書き換えを想定してよいだろう。③他方，69年以前は
賃金のほとんどが出来高賃金であり基本給は取るに足らない少額で
あったが，計測日給制の導入とともに，旧来の出来高賃金での（職
場別の）稼得額の実績を踏襲するような基本給制度に徐々に切り替
えた。当然，職務評価に基づくものではなく合理的な基本給制度で
はなかった。④だが「取引の過剰」な労使関係の性格が激変したわ
けではない。部分的に基本給に切り替えられた残余の能率給交渉
は，能率給表の年1回の改訂交渉に整序されたが，労働負荷に関す
る合意原則（agreement on mutuality）に基づく要員交渉が職場では
不断に行われたからである。

　　　［補足］計測日給制の理解に関わって正確を期すために，補足的説明が必
　　　　要である。第二章の注（8）で，計測日給制における賃金は定額である
　　　　と述べたが，プジョー・タルボットの場合，旧来の出来高賃金相当分
　　　　の特定部分を定額として基本給に組み入れ，残余の部分は，上記のよ
　　　　うに能率指標に対応した能率給として残置したと考えられる。

　（ウ）前掲表2-4の基本給表は79年以降の基本給制度である。こ
の無味乾燥な基本給制度は労使関係の一つの到達点であり達成で
あった。81年には要員に関する合意原則が破棄され，[15] 労働の努力水
準の決定権を経営が握り返すことに成功した大転換の末に花開いた
制度であったからである。

○人事考課

　表2-4だけをみていれば，インセンティヴの欠如した無味乾燥な賃金制度の印象をぬぐえないが，その背後で生じた能率給の推移を吟味すれば，表2-4の基本給は重大な達成であることが了解されよう。だが，この達成は不信，混乱，無秩序の克服ではあっても，活力，コミットメント，インセンティヴを欠いた静謐さでしかないのではないか。やはり人事考課について尋ねなくてはならい。

　　同上ヒアリング記録：「人事考課について日本と英国の相違をどう説明しますか。」「何といってもこの国は世界で労働組合の歴史が最も古いということがあって，その組合主義の真髄は平等主義なんです。あなたがお気づきのように我々は非常に個人主義的であるのに対して，これは極めて興味深い変則ですよね。」「人事考課は平等主義とは確かに矛盾しますね。」「職場の労働生活では平等主義の原則が優越し，個人生活では全くそれと違う国民的性格であるのは奇妙な組み合わせです。……我々は繰り返し特に熟練職について少額ではあっても人事考課の差を導入することを考えてきました。何度も考えましたが一度も提案してきていません。そこまで勇気がない。」「どうするつもりでしょうか。」「事態をよくみようと思う。身分格差の解消（harmonization）に向けて今年やったことはA+等級を入れたことであり，生産労働者に"BとB1"等級が入り，熟練労働者には"AとA+"等級が入ったわけです。この仕組みを等級昇進というか人事考課に基づく制度に進化させることは可能であるかもしれません。……（ただし，）評価すべき労働者にきちんと報いる経営側の能力に確信が持てなくてはなりません。組立ラインでタイヤを組み付けている二人がいて一人が優れていると判断することは時に難しいですよね。」

　付け加えることは特にないが，日本は組立ラインの労働者の人事考課をごく普通に行っている。その違いは何か。この問いへの解答

は仕事の観察なしには引き出せない重要な問いである。第Ⅱ部で考えたい。

## (3) いくつかの重要な論点

　英国全体を論ずるのに，2社の事例だけでは少ない。事例に込められている制度や思想の核心をもう少し省察して英国全体を「わかる」努力をしてみたい。ここで取り上げるのは，徒弟訓練制度，賃金制度，賃金思想と経営管理である。

## ○徒弟訓練制度[16]

　BSCでも上記二つの事例企業でもクラフツマンは生産労働者とは区別された等級に位置づけられている。その根拠は徒弟訓練を修了しクラフト修了証を保持していることである。機械産業を例にすると徒弟訓練の体系は，表2-5のように実技訓練と学科教育からなり，修了時に実技と学科の修了証書が発給される[17]。

　実技訓練はEITBの管轄領域であり，EITBには22,000社がこの当時は法的に加入が義務づけられており，財政は加盟企業への賦課金（levy）によって賄われ，訓練実施企業への賦課金免除がなされた。表は4年の期間を表示している。この時期，実技訓練は訓練期間の基準から技能進捗の基準に変わり，個々人により4年より短くも長くもなったが，ここでは説明の便宜として4年での課程を示した。16歳時点で訓練に入るが，1年目のOff the Job Trainingの実技訓練の場所は3種類あり，一つは各都市に所在するCollege of Further Educationに付置されている訓練所，二つには大企業の自前の訓練所，三つには中小企業が協力して設置したグループ訓練センターである。2年目以降は各加盟企業内でなされる。

表2-5　徒弟訓練の体系

| | 実 技 訓 練 | 学科教育（Further Education）全て週1日登校 | |
| --- | --- | --- | --- |
| | | City & Guilds | BTEC |
| 1年目 | Off the Job Training Centre にて実技訓練。修了時 EITB の審査と認定。 | C & G 200 | |
| 2年目 | 採用先企業での OJT.<br>OJT は 1st Module か新しい Module Segments に基づく。<br>修了時 EITB の審査と認定。 | C & G 専門課程 ex. C & G 205 | 15 units =ONC |
| 3年目 | 採用先企業での OJT の継続。<br>OJT は 2nd Module か module Segments に基づく。<br>修了時 EITB の審査と認定。 | C & G 専門課程 ex. C & G 205 | |
| 4年目 | 3年目の継続（進度による）。<br>企業によっては実務経験を課す。 | | 25 units =HNC |

　他方，学科教育は二系列があり，一つはCity & Guildsの管轄，もう一つはBTECの管轄であり，いずれも修了まで徒弟訓練生は週1回，最寄りのCollege of Further Educationにて学科教育を受講する。クラフツマンは前者，テクニシャンは後者の管轄のカリキュラムを選択する傾向であるという。

　クラフツマンの技能の標準化を支える重要な仕組みは，EITBが支給する分野別の訓練指定書（the skill and training specification sheet：モジュールとその細目であるセグメントからなる）の存在であり，個別企業は指定書に則り日々なされた実技訓練の日誌（log book）への記録が義務づけられている。EITBの職員は実技訓練日誌をチェックして訓練指定書に沿った訓練実績の有無を検証する。仕事を基準にした横断的労働市場はこのような徒弟訓練制度によって制度的根拠を備えることになる。

○賃金制度
　基本給は仕事基準であり，かつ人事考課がない。これは労働者に

とってインセンティヴの機能がなく仕事へのコミットメントを引き出せない賃金であることを繰り返し述べた。しかし，重要なことは，基本給によってではなく能率給で仕事へのコミットメントの欠落を補おうとした制度であったことである。だが能率給は苦難の途を歩んだ。大雑把に次のような展開をした。（ア）60年代までの出来高賃金制度（piece work）は，事実上の職場単位の乱雑な交渉であった。（イ）70年代，計測日給制（measured day work）の導入は基準時間をめぐる交渉を排除することに成功したが，要員水準をめぐる「合意原則」（mutuality）を許し，能率向上に向けた作業慣行の克服に至らなかった。（ウ）80年代に入り，「合意原則」（mutuality）の廃棄へと進み，企業業績もしくは工場のパフォーマンスにリンクした業績給へと動いた。この推移により職場での乱雑な賃金交渉は消失した。

　この一連の経緯の解釈には日本の自動車企業との比較が欠かせない。計測日給制における能率算定式自体は日本と大きくは変わらない。能率を上げるには働き方の改善やそれに基づく工数低減を通じて実際時間を下げることが鍵であるが，英国では，工数低減（＝要員減）は職場ごとの「取引」を通じた合意事項であったのに対して，日本では，工数低減は職場監督者以下労働者の「業務」の一環として遂行できる雇用関係である。この「取引」か「業務」であるかの大きな落差をどのように説明するのかが比較論としては極めて重要である。

　能率給の紛争多発性を防止した上での，インセンティヴなき基本給は，英国にとって大きな達成であったが，果たしてその静謐さに安住していてよいのか。それ以前の紛争多発性を呼び込んだ原因に経営管理の不備があった。これがどう克服されたのかという問いは残るだろう。

○賃金思想と経営管理

　インセンティヴなき基本給を支えた賃金思想は我が日本にとって衝撃的である。窯業のG.R.Stein社の人事担当者の説明はこうであった。「我が国の労使関係の背景として，人はまあみんなが認めるような水準でもって仕事をするのだという前提で考えられ，そこでは優秀さなどの余地はないものと考えられている。職務はそうした水準にみあったものとして設定される。そしてそうした職務に対して支払うということになります。これが科学的経営管理というものです」（石田，1990，122頁）。むしろ労働者の努力の差は能率給でしか反映できないと考えるのだ。その能率給が紛争まみれになった。その克服の暁に紛争はないが無味乾燥な a rate for the job が残った。

　しかし，それで経営は大丈夫か。Mobilは1984年にクラフツマンの職種間の職域区分の撤廃の協約を締結し保全労働者の人員削減を可能にした。そのために再訓練が必要になり，訓練の持続性を維持するために，生計費に対応した賃金引上げとは別に，毎年2％の賃上げを実施した。人事考課の導入には至らないけれど，再訓練制度の持続的維持のための2％の賃上げには将来の人事考課導入の契機が，ここにはあると人事担当者は語る。人事考課を強制的に導入するつもりはなく，労働者が望んだらそうするという（石田，2000b，60頁）。人事考課は追加的訓練と結びついてかろうじて導入の見通しがつくこと，単に賃金交渉の問題ではなく，心理的交渉であり態度変革の交渉であることを強調する。

　他方，Perkins Engineの人事担当役員は能率給についてこう語る。先にみたジャガーやプジョー・タルボットの改革後の能率給は企業レベルの業績にリンクさせる能率給であるが，労働者が業績をコントロールできないので労働者から直接のインセンティヴを引き

出すことができない。そのために，工場ではこれまで業績向上に尽力するのは生産技術部門，品質管理部門，資材管理部門等の経営層であったが，その経営層を現場労働者と一体化した自律的な作業組織を編成するという方策を考案中であるという。そうしたグループにコスト低減分の3分の1とかを還元してインセンティヴを付与するという。何故，この場合個々の労働者の貢献に着目しないのかという質問に対して次のように答えた。「それを個々の賃金に反映させるためには相当手の込んだ仕組み（a lot sophistication）が必要で，やろうと思えばできますが時間の無駄です。」（同上，92頁）。

　日本のような手の込んだ仕組みは時間の無駄だと言い切る英国。それを頑なに行う日本。この相違を単に文化の違いであるというのはたやすいが，雇用関係のルール的観察から逃げた説得力のない言説である。実証的説明が求められる急所から逃げてはならない。

　同じ文脈で理解すべきであるが，Hooverは，企業方針として生産現場に品質保証グループの設立を企図した。だが，成功していないという。人事担当役員は語る。この成功にはPerkins Engineと同様に，スタッフ経営層の現場への間接的管理ではなく，生産職場の製造課長，職長と労働者というライン管理の強化を主軸とすべきであるが，それは不成功に終わった。不成功の要因は「組合の抵抗が主たる要因ではない。主たる原因は経営層のコミットメントの欠如にある」（石田，2000a，94頁）と断言する。

　経営管理の日英の違いに踏み込まないとこうした事態は「わかった」ことにならないのではないか。ここでも仕事論的考察が欠かせない。

## 2　米国の賃金：現地調査から

　現地調査は2004年から2007年にかけて実施したサンフランシスコ・ベイエリア周辺の賃金制度調査と2005年の9月に実施したGMランシング工場の調査からなる。

## 2-1　GMランシング工場調査[18]

### 労働者の賃金

　生産労働者の賃金は極めて簡潔である。全員が時間給26.16ドルであり，チームリーダーには0.5ドルの上乗せがあるだけである。保全労働者はいくつかのクラフト職種（electrician, millwright, toolmaker等）によって賃率は異なるが概ね29.6ドルである。無論，人事考課はない。だから，制度とはいえないほど簡潔である。英国賃金制度の無味乾燥さを徹底すればこうなるのか。それにしても日本とは何という大きな相違であることか。

### 管理職の賃金

　管理職（職長以上の非組合員）になると多少複雑になる。社員等級は職長から工場の役員に至るまで6等級に区分され，各等級に職名（job title）が当てはめられている。職務内容が高度化した場合には，事業所人事部は本社人事部に再評価を申請し，本社人事部が決定する。仕事基準といえる。賃金の基本部分は基本給＋成果給である。基本給は等級ごとの範囲給であり，その範囲内で年々の昇給額を積み上げる方式であるので年功的な賃金となる。昇給原資は本社が事業所に対して，優秀者の原資とそれ以外の原資とに区分して配分

し，それをさらに事業所内で各部門に再配分した後，部門長は原資内に収まる限り自己の裁量で個々人に配分する。このことと関係して，人事考課の評定区分ごとの配分比率も存在しない。むしろ人事考課のキーポイントは優秀者の識別であり，優秀者がふさわしい能力開発をし，キャリアを歩んでいるのかをチェックすることにある。成果給は基本給に対する比率で表示される。この比率決定のための評価は日本における賞与の成果評価と類似したものと考えられる。

## 2-2　サンフランシスコ・ベイエリア周辺企業の賃金制度調査[19]

### 概観

　調査は主として2004年になされ，調査対象組織は労働組合が組織されていない事例6社，組織されている事例5社であり，両者は著しく相違する。後者は賃金決定に人事考課がなされておらず，集団主義的で平等主義的な制度である。ここでは，紙幅の制約から，最も米国的な前者のノンユニオン企業の事例を述べる。制度を理解するための要点は組織と市場の葛藤にある。（ア）組織の側からいえば，旧来の厳格な職務記述書と職務評価に基づく職務主義（＝仕事基準）の硬直性を緩めて能力や役割を組み込み，社員等級もかつての30～40等級あったものを減じてブロードバンド化する趨勢にある。（イ）他方，市場は転職・中途採用を通じた職種別（＝仕事基準）の労働市場が活発であり，組織はその市場の職務主義的圧力に適応しなくてはならない。その葛藤の中で定着した制度は何か。

### 米国的ラディカルさ

　銀行大手のF社は，まことにラディカルな賃金制度の採用に踏み

表2-6　コンパレイショを用いた昇給率表のイメージ

| | … | 0.8 | 0.9 | 1.0 | 1.1 | 1.2 | … |
|---|---|---|---|---|---|---|---|
| 5 | | 6 % | | 4 % | | | |
| 4 | | 5 % | | 3 % | | | |
| 3 | | … | | 2 % | | | |
| 2 | | | | … | | | |
| 1 | | | | | | | |

資料出所：F社人事部へのインタビュー記録にもとづいて作成。

切った。それ以前，ブロードバンド化した大くくりの職務等級に改革した結果，各等級の基本給レンジが拡大しすぎて，目標面接の場が転職の威嚇を武器にした「賃金戦争」になりかけた。[20]昇給率をめぐる「賃金戦争」を防止すべく導入された昇給制度は，横軸に市場賃率に対する比較指数（Compa Ratio＝コンパレイショ）をとり，縦軸に人事考課の評定ランクをとった昇給マトリックス表に基づく。職務数は1800という多さに及ぶが，それぞれにつき，詳細な職種別市場調査を通じてこの種の昇給表を作成し適用する。自身のコンパレイショが高く，人事考課が低評価であれば昇給は少なく，それぞれ逆であれば昇給額が高くなる。市場の要請を組み込んだラディカルな制度化である。表2-6はそのイメージ図である。[21]

### 穏当な着地点

しかし，多くの企業はより穏当な制度である。表2-7はその代表例である。

等級は職務等級であり，18の等級からなる。ブロードバンディングの平均的等級数である。賃金制度は等級別範囲給であり，賃金ゾーン（同一等級内の昇級前の賃金水準の区分）はセクターAからCに三区分されている。個々人の賃金額の決定は昇給額積み上げ方式で

表 2 - 7　製薬業C社の賃金表

| AIP Average | Grade | Sector A | | Sector B | | Sector C | | New Hire Strating Range | |
|---|---|---|---|---|---|---|---|---|---|
| | | MIN | TOP A | BOT B | TOP B | BOT C | MAX | | |
| | 30 | 20,200 | – 23,000 | 23,000 | – 28,600 | 28,600 | – 31,300 | 20,200 | – 25,800 |
| | 31 | 22,400 | – 25,500 | 25,500 | – 31,700 | 31,700 | – 34,700 | 22,400 | – 28,500 |
| | 32 | 24,300 | – 27,700 | 27,700 | – 34,400 | 34,400 | – 37,700 | 24,300 | – 31,000 |
| | 33 | 26,800 | – 30,500 | 30,500 | – 37,900 | 37,900 | – 41,500 | 26,800 | – 34,200 |
| | 34 | 29,600 | – 33,700 | 33,700 | – 41,900 | 41,900 | – 45,900 | 29,600 | – 37,700 |
| | 35 | 32,400 | – 36,900 | 36,900 | – 45,800 | 45,800 | – 50,200 | 32,400 | – 41,300 |
| | 36 | 35,100 | – 40,400 | 40,400 | – 51,000 | 51,000 | – 56,200 | 35,100 | – 45,600 |
| | 37 | 38,500 | – 44,300 | 44,300 | – 55,900 | 55,900 | – 61,600 | 38,500 | – 50,100 |
| | 38 | 43,000 | – 49,500 | 49,500 | – 62,400 | 62,400 | – 68,800 | 43,000 | – 55,900 |
| 7.5% | 39 | 48,200 | – 55,400 | 55,400 | – 69,900 | 69,900 | – 77,100 | 48,200 | – 62,600 |
| 7.5% | 40 | … | – … | … | – … | … | – … | … | – … |
| 10% | 41 | … | – … | … | – … | … | – … | … | – … |
| 10% | 42 | … | – … | … | – … | … | – … | … | – … |
| 10% | 43 | … | – … | … | – … | … | – … | … | – … |
| 15% | 44 | … | – … | … | – … | … | – … | … | – … |
| 15% | 45 | … | – … | … | – … | … | – … | … | – … |
| 20% | 46 | … | – … | … | – … | … | – … | … | – … |
| 20% | 47 | … | – … | … | – … | … | – … | … | – … |

| Merit Increase Guidelines–2004 | | | |
|---|---|---|---|
| PR | Sector A | Sector B | Sector C |
| EC | 7-10.5 | 5-8.5 | 3-6.5 |
| EE | 5-8 | 3-6 | 1.5-4.5 |
| ME | 3-5 | 2-4 | 0-2 |
| BE | 0 | 0 | 0 |

資料出所：C社人事部社内資料。なお，実際の賃金表には，等級40以上の賃率も記載されている。

あり，昇給額は表の下に示されている昇給ガイドライン表の昇給％に基づく。ガイドライン表は横軸のセクターAからCのゾーン区分と人事考課の（EC：excellenceからBE：bellow the expectationに至る）四区分からなるマトリックスであり，個々人の昇給前の基本給に乗ぜられる昇給率のガイドラインが示される。昇給率に幅があること，マイナス昇給がないこと，ベースアップ込みの昇給であることに注意されたい。人事考課がよく，昇給前の賃金額の低い者ほど昇給率は高い。

　このC社の賃金制度の特徴は他企業も含めた穏当な制度の諸特徴と重なる。表 2 - 8 はそれを要約したものである。昇給表はゾーン別昇給表が基本である。いうまでもなく，日本の成果主義のもとでのゾーン別昇給の導入が年功制の弊害克服が目的であるのに対し

表2-8　制度運用一覧

| | 昇給表 | 個別昇給率の規制 | エクイティ | 評定の分布 |
|---|---|---|---|---|
| B社 | ゾーン別・考課別 | 予算内で部門裁量 | エクイティ原資設定 | ランキングによる自然な区分 |
| C社 | ゾーン別・考課別 | 予算内で部門裁量 | 人事部との協議で個別調整 | 中心化傾向を避けるために分布ガイドライン設定・示唆程度 |
| D社 | 考課別であるがゾーン別であるかは未確認・社員には非公開 | 予算内で部門裁量 | 昇給原資の範囲内で個別調整 | 中心化傾向を避けるために分布ガイドライン設定・機能せず |
| E社 | 考課別であるがゾーン別であるかは未確認・社員には非公開 | 予算内で部門裁量 | エクイティ原資設定 | 分布ガイドライン設定・on target（標準）のみ考課区分を定義 |

資料出所：各社人事部へのインタビュー記録にもとづいて作成。

て，ここでは，流動的労働市場への対応が目的である。同一等級内で賃金額が低い者ほど離職するリスクが高い。そのリスクに対処する必要がある。賃金表が未公開である企業が多く存在するが，それも転職行動抑止や「賃金戦争」抑止の表現である。個別昇給率の規制が予算内での部門長の裁量であること，評定の分布規制が緩やかであることはいずれも市場対応への上司の裁量確保の手段である。エクイティは，中途採用者を高賃金で引き抜いた場合，それより低い在籍者の不満を緩和するための特別の昇給原資を意味し，中途採用者と在籍者の賃金の均衡を保つ制度である。これも市場に対応するための組織的工夫である。

　第1章注(12)で述べたように，Gibbs and Hendricks (2004)は「賃金制度に意味はあるのか」(Do Formal Salary Systems Really Matter?)という，賃金制度が重要であるのは自明である日本にとっては，奇怪なタイトルの論文であるが，この奇怪さに「アメリカ賃金制度のアメリカ的特性の一切が集約されている」（石田・樋口，2009，215頁）。「賃金制度は外部労働市場の要因をほとんどそのまま移し替え

たものである」(71頁) というのがその論文の結論である。「移し替える」工夫がアメリカの賃金制度となる。

---

（1）　この小節のベースになった調査報告は，戸塚他（1988，117-265頁）。

（2）　断絶というのは，次のような事情があるからである。（ア）職長への昇進は口頭試問があり難関であること，（イ）製鉄所の職業訓練課が管轄する職長養成課程の修了者が優先的に職長に任命されること，（ウ）高等教育修了者の初期のキャリアとして経過的に職長に任命されること等の事情がそれである（戸塚他，1988，127頁）。

（3）　こうしたBSCの職務規制のあり方との対比で私なりに80年代前半に日本の製鉄所の労使関係を調査したことがある（石田，1986；1989；1995）。炉前職場等の職場レベルの人の配置を，BSCの状況を説明しながら尋ねると，「職場は皆がローテーションで持ち場を交替している」と答えてくれたことを鮮明に思い出す。その中で年功的熟練の差があるので，それは職能等級で報いているとのことであった。何という大きな差であることか。

（4）　18歳でユーティリティーマンになる生産労働者は，16歳で工場に配属されているので，2年分の先任権を保持する。その結果，中途採用の生産労働者よりも先任権が高いことになる（戸塚他，1985，91-92頁）。

（5）　保全職場にはセミ・スキルド等が配置されているが，もともとはクラフツマンの作業補助者としてメイツやレーバラーと呼ばれる労働力で，一定の訓練の後セミ・スキルドとして一本化される労働力である。彼らは徒弟訓練コースに入る年齢（16歳）を逸しているのでクラフツマンにはなれない。なお，唯一の例外は第二次世界大戦中の水増し雇用（dilutees）で，短期訓練でクラフツマンに認定したが，その資格は当該企業でのみ通用し，他社では通用しない扱いであった（戸塚他，1985，96頁）。

（6）　ヒアリング記録は石田（2000a，95-109頁）。この小節の引用も同じ。

（7）　1975年に国営企業として発足したBLが1984年に民営化され，同年ジャガーはBLから独立した。

（8）　この強硬的措置の経過と内容を簡単に要約すると以下の通りである。（ア）1975年に創設された国有企業BLの前身であるBLMCの時代から能率給は労使紛争の根源を成していた。（イ）70年代初期に能率給を，出来高賃金（piece work）から計測日給制への改革を経営が断行した。計測日給制（measured day work）とは，作業研究技師（Industrial Engineer）が設定した基準時間に関する職場交渉を禁止し，技師が設定した基準時間に

対する実際時間の比率で能率算定はするけれど，賃金は定額とする方式である。（ウ）職場交渉による稼得賃金の引上げの手段を失った労働組合は基準時間交渉に代えて，特定作業を何人で行うかを職場労使で合意することを経営に義務付ける要員水準に関する「合意」原則（mutuality）協定をかちとっていた。（エ）BLの経営は「合意」原則協定の廃棄を主張したのに対して，関連11組合は1980年4月8日ストライキに入った。これに対して経営は全作業員の自宅に「4月23日までに職場復帰しないものは雇用契約を解除したものとみなす」という手段に出て，結果的に，圧倒的多数が職場復帰した（戸塚他，1987，337頁）。結果的に「合意」原則は廃棄された。

（9）　ヒアリング記録は石田（2000a，109-122頁）。この小節の引用も同じ。

（10）　個別の職務の等級位置づけの見直し提案は，（ア）企業レベルに設置されている中央交渉委員会の組合側委員会に提案され承認されれば，（イ）労使で構成される等級決定小委員会に付託される。（ウ）等級決定小委員会での事実確認後，提案は中央交渉委員会に付託され，提案が合意されれば当該職務の等級改定が協約に盛り込まれる。（Agreements，1985）

（11）　70年代初期から4つの主要工場をカバーした全社共通の基本給制度を経営は目指したが，所得政策によって賃上げ額に法的制約が課されており賃金水準の統一が実現できなかった。79年になりそれが可能になったという。

（12）　ヒアリング記録に以下のような説明がある。「スタッフに範囲給を説得するのが大問題でした。職長層は8年前まで職務単一賃率でした。それというのも多くの職長は職場上がりであったからです。彼らも職務に一つの賃率を好んでいました。彼らも経営者が技能やコミットメントや忠誠心等々に基づいて差をつけることに信頼を置いていませんでした」。

（13）　Brown（1973）は出来高賃金が職場レベルの価格交渉に転化する実情を述べた金字塔的業績である。

（14）　出来高賃金が生産物の価格交渉に転化すること，その背後に断続的な職場交渉が随伴することを正しく理解することは簡単ではないが，私の理解を示すと以下のようになる。①出来高測定の適用単位は個人単位と集団単位が考えられるが，生産の流れ作業的性格が強まるにつれて集団出来高制となる。②しかし，流れ作業的性格はなお不十分で，集団単位間の連動性に断絶があり（中間在庫の発生があり），集団の単位数は相当な数に及ぶ。③個々の集団単位での能率は，能率＝（「生産物1単位当たりの基準時間」×「生産数量」の総合計）÷（「集団全体の実際時間の合計」）で算出される。④この能率指数に対して一定の「換算係数」を乗じて「集団単位での出来高賃金総額」が確定される。⑤集団を構成する労働者の出来高給は集団単

位での出来高賃金総額を労働者数で除した平等の金額になる。⑥ところが，部材の欠品，機器の未整備等の他部門での原因に端を発して，出来高給が低下したり，他の集団の出来高給との比較で出来高給が見劣りしたりするようになると，出来高給を引き上げるべく，「生産物１単位当たりの基準時間」を緩く設定するための職場交渉が発生する。⑦ここで，「生産物１単位当たりの基準時間」＝S，「生産数量」＝N，「集団全体の実際時間の合計」＝A，「換算係数」＝C，「集団単位での出来高賃金総額」＝Pとすれば，生産物１単位当たりの「集団単位での出来高賃金総額」は，P/N＝C×S÷Aとなる。「集団全体の実際時間の合計」＝Aを一定とし，「換算係数」＝Cを一定とすれば，生産物１単位当たりの「集団単位での出来高賃金総額」は「生産物１単位当たりの基準時間」＝Sの増大に比例する。このことは基準時間を緩める職場での断続的交渉が出来高給引き上げ交渉と等しいことを意味している。この基準時間をめぐる断続的交渉は，基準時間を媒介にせずに，直接価格交渉にするほうが簡便であり，基準時間交渉は価格交渉に転化しやすい。仮に基準時間の緩和を厳格に抑制できれば，労働者は実際時間を削減する「自己搾取的」な労働にいそしむだろうというのが出来高賃金の経営側の本来の意図であった。それは戦後の経済成長と雇用労働市場の逼迫を背景に職場労働者の交渉力が高まり，職場交渉を許すことにより裏切られる目論見となった。なお，戸塚他（1987，94-99頁）も参照されたい。

(15)　この破棄の顛末は注（8）のBLと同様である。

(16)　ヒアリング記録は石田（2000a，72-81頁）に基づく。

(17)　実技教育の修了証書はEITBがCertificate of Craftsmanshipを発給し，学科教育の修了証書はCity & GuildsまたはBTECが発給する。実技，学科の両方の修了証書があって正式なクラフツマンの資格が付与される。

(18)　石田・篠原（2014）参照。

(19)　石田・樋口（2009）参照

(20)　部下である本人は上司との目標面接に臨むにあたって，専門職団体の会員の仲間を通じて自身の転職見込みと賃金額を念頭に置くことになるため，人事考課の評点が低ければ転職をちらつかせて目標面接の場は賃金交渉の様相を呈することになる。

(21)　表2-6は全くのイメージ図である。というのも，昇給表の実際は社内でも極秘であり，聞き取り調査では口頭の説明だけであったからである。イメージ図は筆者が面接対象者の口頭説明をボードに図示して，このようなイメージの昇給表になるのかと確認した際の図表である。横軸のコンパレイショは無論より細かく設計されているだろう。

# 3 日本と英米の賃金制度の比較

## 1 固有の構造

　英米に代表される仕事基準の賃金（＝ジョブ型賃金）と日本の人基準の賃金（＝メンバーシップ型賃金）の相違は，技能養成制度の相違に基づく労働市場の相違と，それを反映した観念＝賃金思想の相違と不可分の関係にあり，それぞれが他方からの部分的移転が許されない固有の構造（discrete structure）をなしている。

　とはいえ，90年代以降それぞれが進化した側面も無視できない。日本は，大手企業を中心に成果主義的賃金改革を通じて役割を基軸とした制度転換が進行した。米国も職務主義の硬直性の緩和を志したブロードバンディング化が進んだ。英国も非経営層であるスタッフ層には人事考課が80年代以降一般化した。だがこうした進化により収斂が起きたとするのは短絡的である。それぞれのもつ固有の構造を洞察する目をもちたい。

### 日　本

　日本の賃金制度は80年代の能力主義の時代における「職務遂行能力」に基づく職能給から，2000年代以降の成果主義時代における「役割」に基づく役割給に変化した。変化は人基準である「職務遂行能

力」から，仕事の上での「役割」の重さや大きさを基準にするようになったのであるから，仕事基準の方向に動いたといえないことはない（前掲図1-2参照）。また，ゾーン別昇給管理の普及に伴って役割等級ごとに賃金の平準化が起きやすくなり年功制がかなりの程度抑制された。この面でも欧米の賃金に近似してきたといえなくもない。だが，「役割」は企業内の事業計画遂行にとっての「役割」であり，以下の第Ⅱ部で述べる企業内の仕事のルールから演繹された「役割」である。その「役割」を誰に配当するか，あるいは，特定の「役割等級」に従業員を位置づけるためには企業内のコンピテンシー（＝職務遂行能力）が問われる構造は変わっていない。企業内の事業運営の要請と技能養成の企業内的性格が処遇制度を規律している事実は動かず，「人基準」が維持されている。[(1)]

## 英　国

　私の英国調査は2000年代までをカバーできていないが，佐野(2021)は2000年以降の百貨店の日英比較研究で，英国の百貨店はレンジレート（範囲給）の職務給であり人事考課がなされていることを明らかにしている。果たして私の主たる調査対象であった製造業の労働者の賃金はどうなのかという疑問が残るけれど，英国の百貨店は職務給であることには変わりがなく，かつ，昇級を通じたキャリア形成が組み込まれていない制度であることを克明に明らかにしている。人事管理は，日本と比べて，従業員のコミットメントを引き出す機能が希薄であり，与えられた職務の課業に専念すればよいという賃金管理が持続していることを示している。私の英国調査でも，先の事例紹介には含めていないけれど，ウェルカム・ファンデーションやジョンソン＆ジョンソンでは範囲職務給を導入して

いるが，特定の等級の範囲職務給の上限に達した後の，より上位の
等級へのキャリア形成の視点はない（石田，2000b）。

米　国

　米国の事例調査は2000年代に及んでいるが，職務主義（あるいは
プロフェッショナリズム＝専門職主義）をベースにした職種別労働市場
が個別企業の賃金管理との葛藤を必然化していることを明らかにし
ている。かような市場と組織内管理の軋轢は日本にも先端技術分野
において部分的に発生しつつあるが米国との差は大きい。

## 2　労働市場制度の相違

　このような賃金・人事制度の国々の固有性はその背後の制度的環
境と不可分である。わけても労働市場制度の相違の影響が大きい。
日本では高校・大学・大学院の卒業時の一括採用の慣行と（部分的
に技能検定試験制度があるものの）もっぱら入職後の企業内教育によ
る人材育成という制度が定着しているのに対して，英国では正規採
用に先立つ徒弟訓練制度，および在職中の追加訓練は，産業別訓練
ボードが設定した訓練指定書（訓練モジュールの設定による産業共通の
コンテンツ）に基づいている。また，英米共通で上級ホワイトカラー
（経営層）はそれぞれの専門職団体が設定した資格制度（専門的学歴）
が団体入会を規定し，専門職団体を通じた転職行動を円滑にしてい
る。

　賃金制度は欧米の場合，このような外部労働市場における人材育
成制度への適応として形成されている。これらの国々では，そもそ
も賃金というものは，日本のように個別企業が管理の手段として活

用できるものとは考えられていなかった。この職業（英国），この職務（米国），この熟練資格（ドイツ）がいくらかは市場で決まる。企業はその賃金水準を受け入れる以外にない。この場合，経営者は，その職業や職務，熟練資格に応じて決まる市場賃金を与件として受け入れざるを得ないが，その上で，できるだけ必要な課業（個々の具体的な業務）を労働者に受容させようとする。これに対して，労働者は社会的にあらかじめ決められていると想定される職業・職務・熟練資格の課業の範囲に固執し，範囲を越える課業の受容を拒否する。受容させようとする力と拒否する力との対抗が，課業の範囲とレベルをめぐる取引になる。この取引が職場の労使関係である。ここでは，「同一労働」は社会的に人々に共通に理解されている職業・職務・熟練資格を指す。そこからの逸脱は，拒否されるか，職場の取引によって価格づけされるので，「同一労働同一賃金」は絶えず労使当事者によって意識され確認される原則となる（石田，2017）。

　日本は組織内のルール形成に依拠しているため，その分だけ賃金制度は個別企業の設計主義的裁量の余地が大きく，私的秩序形成（本書「序」第3節参照）がより緻密となる。

# 3　賃金思想と仕事の管理思想

　労働市場に規定された賃金制度の固有性は，その制度的固有性を支える賃金思想が存在するだけでなく，賃金との交換関係の位置にある仕事の管理思想も賃金思想に対応した固有性が存在することになる。かくして賃金と仕事の交換関係である雇用関係に固有の持続性を付与する。

英（米）

「我が国の労使関係の背景として，人はまあみんなが認めるような水準でもって仕事をするのだという前提で考えられ，そこでは優秀さなどの余地はないものと考えられている。職務はそうした水準にみあったものとして設定される。そしてそうした職務に対して支払うということになります」。先に引用したこの言葉は，英国のa rate for the jobといわれる賃金のルールの背後にある，最も正直で正確な経営者の賃金思想の表明である。個々人の能力によって差異が出ないように職務を設定している以上，差異が発生するとすれば能力差というよりも，怠惰か否かの差異であり，それは生産量に反映されるはずであるという賃金思想である。それには懲戒処分の厳格化と能率給の導入がふさわしいことになる。青木(2011)は米国（おそらく英国も）の階層組織を，労働者の「認知能力」が経営にとって不可欠ではないヒエラルキー型であると高度に抽象的な特徴づけを行っているが（52頁），そのような労働者の位置づけのわかりやすい実感的理解は上の引用句が正しく伝えている。

　こうした賃金思想とその対となる仕事の管理思想の英米の型は，日本企業の直接投資の際に日本の仕事の管理思想との齟齬をきたすことになる。Sharpe（2001）は日本の自動車部品工場の英国進出に伴う「組織文化の変革要請」に対して，職長たちは「さほど熱心ではなく，自らが責任を負っている短期的な生産量の達成にむしろ熱心」である。「こういう職長の行動に，日本企業が喧伝する価値規範と職長の行動との不一致を嗅ぎ取って，チームリーダーや職場労働者のフラストレーションを生んでいる」(p.214)と報告している。「生産量の達成」のみが目標である英国の伝統的な仕事管理の思想が，労使の価値規範の共有によって支えられるPDCAの円滑な運用

に徹しようとする英国進出日本企業の仕事管理思想と軋轢を生むのもむべなるかなというべきか。

### 日　本

　日本の賃金思想は，英国の上の引用の言葉とは対照的に，制度設計のいかんによって労働者は企業目的に対する最大限のコミットメントを引き出し得る貴重な人的資源とみる考え方である。職務給と職能給の論争，能力主義，成果主義，いずれも制度設計によって労働力の活用は変わるとみる見方である。こうした賃金制度の設計次第によって労働者のコミットメントが変わるという設計主義的賃金思想を支えているのは，賃金の対になる仕事の管理思想の日本の型である。英米の仕事管理思想が「計画と実行の分離」（＝テーラリズム）を特徴にしているのに対して，日本は「計画と実行の統合」を基軸にする仕事の管理が戦後可能となったことと設計主義的賃金思想とは論理的に不可分の関係にある。可能になった具体的な諸条件を列挙することは紙幅の関係で避けたいが，例えば，QCサークルの形成と普及は「計画と実行の統合」が可能であることを職場労働者自らが実証してみせる格好の機会を提供した（小川，2020；石田2021；青木，2022）。Gordon（1998, pp.70-71）は日本鋼管について，技術者が労働者の作業分析をして効率的な作業方法を指示するテーラリズム的手法（「計画と実行の分離」）を当初採用していたが，現場の職長らの要望によって品質管理の職場訓練がなされ，技術者の知識と現場労働者の経験的知恵との協働によるQCサークルからTQCへのブレークスルー（「計画と実行の統合」）が果たされたと述べた。

　「計画と実行の統合」に伴って能率管理は仕事の管理の領域で充足されるようになり，英国のように敢えて能率給を通じたインセン

ティヴで充足する必要がなくなったといってよいと思う。ではそのような仕事の管理の内実は何か。

---

（1）「仕事基準」であるか，「人基準」であるかの判別は，賃金決定の基準に即して判別するのか，それとも組織構成の基準に即して判別するのかで差異が生ずる。近年の日本の状況は，賃金決定の基準に即して判別すれば「人基準」（＝能力主義管理に基づく職能給）から「人基準」と「仕事基準」の中間である「役割」に推移したといえるが，組織構成の基準に即して判別すれば，なお「人基準」に属するといえる。この点について寺井（2022）は示唆に富む論稿である。また，変化がより鋭い経営層の賃金制度の改革について言及している石田・上田（2022，410頁）も参照されたい。

# 第Ⅱ部

# 仕事のルール

　賃金のルールの研究は，たった一枚の賃金表をごまかしなく「わかる」ことに注力するだけでよいが，仕事のルールの記述は経営過程の詳細を具体的に記述することが不可欠である[*]。この第Ⅱ部は具体的な記述が多く，読者にとって読むのに苦労されるのではないかと危惧している。しかし，この苦労を潜らないと仕事のルールはついに骨格を示してくれないのである。実際，仕事のルールの調査は雇用労働調査の難関であり，研究者も仕事のルールの調査が簡便でないという理由から概ね回避しがちである。だからこそ，努力して読み解こうとされる読者を応援したい。その努力は研究の進展にとって報われる努力に違いないからである[**]。

---

　[*]　Williamson（1996）は，「研究に近道はなく，経済組織は『ささやかに，ゆっくり，少しずつ，確実に』検討されなくてはならない。……如何に根気が要って困難であっても……『ミクロ的分析をすること』は取引コストの経済学の不変のメッセージである。あるいは，……『神は細部に宿る』（Gould, 1987, p.32）と言うべきか。」（p.43；石田・山田訳，2017，49頁）と述べている。傾聴すべき忠告である。

　[**]　私の提唱する仕事論に最も深い理解をされている中村（2020）と寺井（2020）が読者の理解の手助けになると思う。

# 4 仕事論

## 1 賃金論の限界と仕事論の必要

　第Ⅰ部で述べたように賃金制度の国々の固有性は仕事の管理思想と不可分であり，賃金制度の国際比較は仕事の制度の国際比較を必然化する。改めて何故なのかを考えよう。

　第一に，雇用関係の理論が要請する必然性である。「序　第2節」で述べたように，賃金は"仕事の遂行"への対価であるという大原則からして，"仕事"との交換関係（＝雇用関係）として存在するのであるから，日本と英米の賃金の相違を，すぐさま社会的環境条件の相違に帰すのではなく，日本の賃金と英米の賃金はそれぞれどのような"仕事の遂行"の様式と交換されているのかを丁寧に吟味する必要が生ずる。

　第二に，生産性の考察から生ずる必然性である。人材育成が中長期的に生産性の向上に必要だという主張はほぼ世の通説になっていて反論には出会わない。しかし，経済学にとっても，経営学にとっても人材育成が生産性（収益性）とどのように関係しているかは，実は難問中の難問である。経済学は企業＝生産関数論の前提が強いために，この問題を有効に説明する理論的枠組みをもたない。また，人的資源管理論も人材育成が従業員のモチベーションを向上さ

せ，その向上が生産性を上げるだろう（生産性はどの指標を使うかが不確定，また，説明変数が多すぎて実証が困難）というのが精一杯である。はなはだ心もとないのが実情である。労働力人口の4割にまで非正規雇用を拡大し，非正規の従業員には，標準作業の徹底だけの訓練にとどめ，市場賃率で雇用するのが合理的な選択になっている事実を人材育成が生産性の向上に必要だとする世の通説はどう説明するのか。

　生産性（収益性）と人材育成に関する通念と実際の企業行動との上のような齟齬を経済学も経営学も明晰に説明できない状況に対して，企業経営にとって正しい設問の仕方は生産性（収益性）を上げるためにどのような人材育成がどの範囲で必要なのかという問い方である。この問いは人材育成と生産性の関係を計画し管理する仕方への着目を必然化する。その計画と管理の仕方様式を仕事のルールや仕事のガバナンスと呼び，その考察を仕事論とこの本では呼んでいる。

　第三に，「働き方改革」の遂行にとって企業パフォーマンスを毀損しない改革の探究が不可欠であるが，企業パフォーマンスの制度的理解である仕事論なしにはその探求は不可能である。要するに，「同一労働同一賃金」の議論は賃金論だけでは収まらず，"仕事論"を組み込まなくては労使共通のアジェンダになり得ないということである。

## 2　仕事論の着想

　「第Ⅰ部」でみたように，英国では60年代から70年代の出来高賃金制度のもとでの職場労使関係の混乱を反映して，労使関係論は労

働側の職務規制（job regulation）の研究として自らを規定すること
が可能であった。したがって，職務規制に根をもつ労使対立が後退
した80年代以降，「調査はそれ自体のテーマを失ったのである。」
（Brown & Wright, 1994, p.161）。

　日本は「英米との比較であっさり言ってしまえば常に経営が主導
でルールを形成してきた。……英米での労働研究の文脈から推して
いけば，日本の労働研究は，むしろ，そもそも成り立つはずのない
ものである」（石田，2003，41頁）。だが，雇用関係がある以上，そこ
にはルールがある。労働側の職務規制としてのルールではなくて，
経営管理としてのルール形成がそこにはあり，「その記述可能性に
全てを賭けて」みたのが仕事論である。それは逆説的であるが労働
側の職務規制が希薄であるがゆえに余儀なくされた方法である。

　具体的な方法は「第Ⅱ部 第5章」で述べる[(2)]。

# 3　仕事論の理論的輪郭

仕事論には固有の理論的意義が込められている。

**雇用関係の制度論**

　労働問題は雇用関係から発生する。そのため雇用関係の論理的構
造から出発するのが正攻法である。1980年代以降，欧米では労使関
係論（Industrial Relations）から人的資源管理論（Human Resources
Management）へと労働研究の理論体系が変動した。これは集団的
な労使対立が減退した事実の反映でもあるが，理論体系としては間
違った変動であると思う。何故なら雇用関係は労働力の取引の関係
であることは動かない事実であり，取引を軽視する傾向の強い人的

資源管理論は論理構成上の原動力を欠いているからである。

　しかし，何故「取引」への着目が論理構成上の原動力であるのか。制度経済学の始祖ジョン・R・コモンズは「経済行動の究極的単位は，……それ自体の内に，対立（conflict），合意（mutuality），秩序（order）の三つの原理含むものでなくてはならない。この基本単位が取引である」と語る（Williamson, 1996, p.12；石田・山田訳, 2017, 12頁）。労働問題も労働力の取引に起因する。その取引は仕事の遂行と賃金の取引である。したがって，労働問題の基礎的研究は，この取引がどうなっているかがわかる研究でなくてはならない。それは取引が記述できていることと同じはずである。記述は上のコモンズの知見にならっていえば，雇用関係という取引を，「対立，合意」の両側面からなることを具体的にして総括的に記述できていること，またそうした取引が一定期間安定的に維持される「秩序」であることをガバナンス機構として記述できていることを意味する。この「秩序」形成は司法による秩序形成（court ordering）とは区別される私的秩序形成（private ordering）として概念化される（同上訳, 456頁）。この概念化によって雇用関係の理論は法学とも経済学とも区別された一つの独自の学問（discipline）になる。その不可欠な橋頭堡が賃金論と仕事論である。賃金は一枚の賃金表から集約的に全体像を認識する記号的接近が可能であるが，仕事の遂行は千差万別の仕事の数々を集約した表現物がないために集約的な認識を得られないという困難が秘められている。だが，「序　第2節」（本書10頁）で予告的に述べたように，仕事論は，P（目標）D（実行）C（進捗管理）A（改善）が，（ア）「企業−事業部−部−課−係−職場−個人」のどのレベルまで浸透しているかという階層的浸透度と，（イ）Pの部門間連結の取引への傾斜の度合いから，仕事の全体像の特徴を識

別する。このように仕事のサイドを記号論的に識別することにより，労働力取引の両サイドである仕事と賃金の交換は記号的制度間の交換関係として記述可能になる[(3)]。

## 比較雇用関係論

雇用関係を記述できるということのよりわかりやすい意味は，ガバナンス機構が制度であり，制度は記述可能であるという意味である。具体的な記述を通じて，（ア）課業設定と遂行の管理（仕事のガバナンス），（イ）処遇の合意基準（報酬のガバナンス），（ウ）この二つの交換関係として，雇用関係は「理屈ではなく身をもってわかる」途が拓かれる。例えばMarsden（1999）が，「[欧米の労働の]課業配分規則は，……効率性を阻害し得るのだけれど，……多くの経営者はそれを償って余りある予測可能性と秩序という便益をその規則に見出している」（p.18）というような語りは直ちに腑に落ちないが，この真意は，欧米にあっては「"黙って静かに決められた仕事を行う"ことが"職場秩序"である」という点にある。そのような「わかり方」ができなくてはならない（石田，2014b，37頁）。「"黙って静かに決められた仕事を行う"」だけの労働者を出勤率以外で評価することは差別になるのだろう。それに対して日本は，欧米のごとき「取引が対立に転化しやすい」雇用関係を克服し，ほぼ取引を仕事や報酬の管理の中に吸収して，コミュニケーションという名前の「取引なき取引」を獲得した。制度的記述に支えられた「わかり方」があってこそ本当の意味付与が可能となり雇用関係の生き生きとした比較論が可能となる。

## 小池熟練論

　小池和男の達成は，日本の職場は「変化と異常への対処を広く現場労働者に委ねる」(2013) という優れた事実発見にある。だが，その事実発見が現場行動の直接観察のみに依存しているために，雇用関係の理論的フレームワークの構築に不可欠な，「労働力の取引」を保全し統御する「ガバナンス機構」を欠いた論理構成になっている。問題点は以下の諸点に現れている。(ア) 品質，稼働率には言及できても，「改善」(＝生産性向上) には言及できず，日本の製造業の最も顕著な特徴が浮き彫りにされていない。(イ) 熟練形成にはコストがかかるが，その最適点がいかに決まるのかの決定を語ることができない。(ウ) そのことと表裏の関係で，労務費の増嵩，厳しい目標管理，ピアプレッシャー (組織規範への同調圧力)，長時間労働等にみられる日本の雇用関係における明暗両側面のバランスのある考察に届かない。(エ) その結果，日本の雇用関係に関する包括的な議論への展望を欠くことになる。(オ) このような制度論としての難点は，後継の研究を「キャリア研究」というややもすると閉塞的な研究に委縮させることになった。<sup>(4)</sup>

## 青木昌彦の企業論

　青木昌彦 (2011) は各国資本主義の株式会社の特徴を簡潔に表現することに成功した稀有な研究者である。日本企業の「組織アーキテクチャー」の特徴を，経営者と労働者の関係 (＝垂直的認知様式) については「同化認知」(S＝shared cognition) 型として，機能部門間の関係 (＝水平的認知様式) についても「同化認知」型として同定し，米国企業のそれを，経営者と労働者の関係については「ヒエラルキー的認知」(H＝hierarchical specialization) 型として，機能部門

間の関係は「カプセル化認知」（E＝encapsulated cognition）型として同定する。この「論理的構築」の切れ味は鋭い。だが，「逸話的証拠」（anecdotal evidence）と「論理的構築物」（logical constructs）とを架橋する観察可能な制度的記述が欠落しているという印象は全体を通じてぬぐうことができない。「垂直的認知様式」は，PDCAのP（事業計画の目標値）が組織階層内部でどこまで下位層に浸透しているのかの観察を通じて，「縦のガバナンス機構」として記述可能な制度として自らを表現しているにもかかわらず，この観点の欠落は，青木の豊かな論理性から実証研究へと通じる通路の可能性を断ってしまっている。「水平的認知様式」も，PDCAのPの連結様式である「横のガバナンス機構」として「見える」形で我々の前にある。こうした観察可能な制度を媒介することによって，実証の裏付けのある論理構築が可能であったはずである。「論理的構築物」と「逸話的証拠」との媒介項のこのような欠落は，多国籍企業論，組織論，資本主義の多様性論，日本的経営の移転可能性論のいずれにも共通した欠落である。「企業を生産関数として記述する」新古典派経済学への，制度派を中心とした批判的諸潮流の社会科学は，この欠落の一点において，なお明晰な解を提示できてこなかった。[5]

---

（1）「同一労働同一賃金」の実現に向けての近年の議論には２種類の類型がある。（ア）労働市場制度（とりわけ技能形成に関する社会的制度）の日本と英米の相違に敢えて目をつぶり日本の賃金を仕事基準に切り替えて（その実施可能性をなおざりにしたまま）「同一労働同一賃金」を実現すべきであるという主張。他方，（イ）この相違は看過できず，さりとて「同一労働同一賃金」の理念としての正当性も無視できず，この袋小路を司法ルールへのコンプライアンス重視で切り抜けるという態度・政策の二つの対応が日本の現状を覆っている。これらはいずれも"仕事のルール"を欠落させた賃金論に基づくものであり，このような賃金論だけから「同一労

働同一賃金」を考えるのは過ちである。

（2） グローバル経営に即したより包括的な方法については，石田・上田（2022，46-51頁）を参照されたい。

（3） 梅崎（2021）は私の仕事論という方法的提唱（石田，2003）について「経営管理を組み込んだ理論を構築し，その測定指標づくりを目指すべきだと考えたといえよう」（18頁）と解釈している。この解釈の前段に異論はないが，後段の「測定指標づくりを目指す」という意図は私には全くなく，釈然としない。また「石田の聞き取りは……新しい測定指標の開発に工夫を凝らしている」（19頁）と述べているのも釈然としない。私が「測定指標を開発」するのではなく，企業が開発しているのである。私が調査で「わかりたかった」ことは企業が開発した「測定指標」に基づく労働と報酬の特性であった。この点に関連して，「石田のモデル」では「どうしても企業内の数値に偏った聞き取りになるのではないか」（20頁）と疑問を呈しているが，私は「数値に偏った聞き取り」は被調査者とのコミュニケーションになり得ないし，そもそもそのようなことを聞き取っても労働の特性は浮かび上がらないと思っている。

（4） 石田（2014b）を参照されたい。

（5） 石田・上田（2022，37-42頁）を参照されたい。

# 5　日米自動車工場の仕事のルール

　仕事論に基づく職場調査はすべて自動車企業を対象としている。
（ア）1992～94年に実施したマツダとトヨタの調査（石田他，1996；
1997），（イ）2003～05年に実施したホンダ，日産の調査および2007
年実施のトヨタの調査（石田他，2007；石田他，2009），（ウ）2005年
に実施したGMランシング工場調査（石田・篠原，2014），（エ）2010
年から12年に実施したトヨタとフォルクスワーゲンとの比較調査
（未発表）からなる。
　以下の記述は「1　労働組合組織と内部労働市場」，「2　生産計
画と勤務体制」，「3　工場の管理機構」，「4　品質管理」，「5　能
率管理」の五つの項目について日米自動車組立工場の仕事のルール
の相違を明瞭にすることを重点にしている。賃金のルールの日英米
の驚くべき相違が，仕事のルールの相違とどのように関係している
のかが枢要点である。日本の自動車企業4社相互の相違の詳細は本
書の趣旨からして重要ではないので必要な限りでの言及にとどめ
る。

## 1　労働組合組織と内部労働市場

　経営組織も重要であるが，現場の労働者の仕事に直接関係する，

労働組合組織，内部労働市場，内部労働市場の相違と仕事の管理との対応関係について日米の相違を述べる。

## 労働組合組織

労働組合組織はA工場（＝GMランシング工場，主として車体課，塗装課，組立課からなる。以下A工場）とJ工場（＝日産，ホンダ，トヨタの組立工場。以下J工場）とで著しく異なる。第一にA工場は一般作業者のみの組織であるが，J工場は管理監督者と係長クラスまでが組合組織に含まれる。第二に，A工場ではエンジニアが除外されているが，J工場では係長クラス以下であれば全部門の従業員が組合に組織されている。

組立工場にいる専従役員の数も著しい違いがある。A，J1，J2いずれの工場も4,000人から5,500人程度の工場であるが，J工場はいずれも4～5人の専従役員数であるのに対して，A工場には73人の専従役員がいる。その内訳は，20名が全国協約に規定された選挙により選ばれた役員であるが，残り53人のうちの13人は全国協約で定められた任命役員（appointee）であり，40人はローカル（支部）が独自に任命できるローカル任命役員である。いずれの任命役員も会社が給与を支払う。この任命役員の多さがA工場の仕事の管理と密接に関係していることは以下の「3 工場の管理機構」で明らかにされる。

## 内部労働市場

A工場とJ工場の本質的違いは内部労働市場の相違である。A工場には組合員内部の階層性は存在せず，したがってキャリアも存在しない。他方，J工場には複数の階層があり，個々人は人事考課を

表5-1　内部労働市場の相違

| | 階　　層 |
|---|---|
| A工場 | 階層はなし。ただし team coodinator あり。生産労働者と保全労働者の賃率の差はある。 |
| J1工場 | 六つの等級。K3→K2→K1→H3→H2→H1というキャリア。K3からK1までの「発揮ステージ」とH3からH1までの発揮ステージ」で賃金体系は異なる。ユニットリーダーはH2（H1もあり），各種スタッフはH3（H2もあり），工程トレーナーはK1，作業者はK3，K2が主体である。 |
| J2工場 | 五つの役割等級。PX2→PX1→PT3→PT2→PT1というキャリア。係長は，おおむね，PT1，工長はPT2，指導員はPT3，一般作業者はPX2もしくはPX1である。 |

通じて昇格（昇級）していくキャリアが存在する。重大な違いである。**表5-1**を参照されたい。

　A工場は90年代に生産労働者の職務区分（job classification）を完全に統合した（たった一つにした）。「チーム生産方式」導入のためである。前述したように（本書79頁）2005年時点で生産労働者は全員一律時給26.16ドルであり，チームリーダー（team coordinator）には時給0.5ドルの上乗せがあるだけである。

　他方J1工場では組合員内部でK3→K2→K1→H3→H2→H1の六つの等級区分がなされ，J2工場もPX2→PX1→PT3→PT2→PT1の等級区分がなされている。昇格（級）は人事考課による。いうまでもなく各等級に設定されている範囲給内部での個々人の昇給額設定は人事考課による。

## 内部労働市場の相違と仕事の管理との対応関係

　**表5-2**を参照してほしい。

　A工場のごとき報酬の一律的決定に表現される内部労働市場は

表 5-2　報酬決定の個別化の有無と労働との対応

|  | 報酬決定 | 労働への理論的含意 |
|---|---|---|
| A工場 | 集団的・一律的決定 | 個人差の発生しない労働<br>→①作業の標準化＋②平等の作業分担<br>＋③非定常業務の排除 |
| J工場 | 個別的決定 | 個人差の発生する労働<br>→①作業の標準化＋②作業分担の差異<br>＋③非定常業務の受容 |

「個人差の発生しない労働」と整合的である。具体的には，（ア）定常的なライン労働は標準化される。この点はJ工場も同じである。大量生産方式が技術的に要請する事柄であるからだ。（イ）標準化された作業も詳細にみれば難易度，労働負荷に違いがある。この違いを平等にするためにローテーションを通じて作業分担の平等化を図る。（ウ）品質，機械の稼働率の維持向上，工数の低減等，工場のパフォーマンスに密接に関わるところの標準化し得ない非定常業務は，これを排除する。ここでは工場のパフォーマンス向上と働き方との葛藤が避けられない。

　他方，J工場にあっては，個人差のある労働があってはじめて昇格（級）や報酬における個別的決定の正当な根拠が確保できる。その労働は，（ア）ライン労働の標準化は技術的必然であるが，（イ）標準化された作業を必ずしも平等に分担する必要はない。技能の習熟に応じて差異がある。実際，J工場はA工場に比してローテーションは機械的平等ではない。そして（ウ）工場のパフォーマンスの向上に直結する非定常業務は習熟の進捗に応じて個々人に割り当てられる。ここに階層性の発生する根拠がある。

　この相違を具体的に観察するためには，第一に，市場の変化に起

因する生産量の変動に対して労働給付の決定をどのように行っているか，第二に，品質や生産性の向上のための労働給付をどのように決定しているかに立ち入る必要がある。

## 2　生産計画と勤務体制

　生産量の変動に対する労働給付の決定は，日本に即していえば，勤務体制（休日出勤の可否，残業の可否＝労働時間）についての決定に等しい。この決定における日米の顕著な相違は労使協議制度の有無である。表5-3のように，A工場には労使協議制度は存在しない。他方，J工場には重層的な労使協議機関が配置されている。この目覚ましい違いを考えたい。

### 2-1　A工場
　A工場には労使協議制度がない。これには次の前提がある。第一に，本社レベルの全国協約に「1日の残業は1時間まで，土曜日の休日出勤は連続2週まで」というルールがあり，これを遵守している限り工場レベルでの協議の余地はない。第二に，生産減の場合はレイオフ計画を先任権（組合員歴）に従って策定し，その一覧を壁に掲示し先任権の浅い者からレイオフするだけである。第三に，これを補うのが，雇用保障協定である。要点は，（ア）雇用保険給付に上乗せして，協約に基づいて企業が支給する付加給付（Supplemental Unemployment Benefit）があり，両給付はレイオフ中48週間まで支給され，両給付を合計して概ね通常賃金の8割がカバーされる。（イ）49週目以降，協約に規定されたJobs Programに基づき，企業の拠出基金（21億700万ドル）を限度に通常賃金を支払う。Jobs

表5-3　工場レベルの勤務体制をめぐる労使協議制度一覧

| | 労使協議の名称 | 当事者 | 内　容 |
|---|---|---|---|
| A工場 | なし | なし | プラントの人事部長がBargaining Chairに伝達。 |
| J1工場 | 所長団交 | 経営；事業所交渉メンバー<br>労働；支部執行部 | 年1回。事業計画の説明と組合からの提言。 |
| | 生産・販売団交 | 経営；事業所交渉メンバー<br>労働；支部執行部 | 2ヶ月に1回。会社の生産販売計画の説明とそれに伴う勤務体制上の協力要請について協議決定する。 |
| | 確認会 | 経営；事業所交渉メンバー<br>労働；書記長<br>書記次長 | 生産・販売団交の翌月に，協力要請内容の確認。 |
| | ブロック折衝 | 経営；部・課長<br>労働；執行委員 | 毎週木曜日。休日出勤等の協力要請について協議決定する。 |
| | 書記局折衝 | 経営；事業所交渉窓口<br>労働；書記長<br>書記次長 | 随時。会社施策について協議する。協力要請については協議決定する。 |
| | 拡大事務折衝 | 経営；全課長<br>労働；全執行部 | 年3回。大型連休等の勤務体制の協力要請について協議決定する。 |
| J2工場 | 事業所労使協議会 | 経営；事業所長等<br>労働；支部常任以上 | 年2回。年間生産計画，新車計画等説明。 |
| | 月次生産協議 | 経営；担当課長<br>労働；支部常任以上 | 月次生産計画にともなう勤務体制の協議。 |
| | 特別労使協議 | 経営；担当課長等随時<br>労働；委員長他随時 | 月次生産協議で決まった基本勤務体制の変更や，労使で確認している「勤務体制ルール」から逸脱する提案の協議。 |
| | 職場労使意見交換会 | 経営；課長<br>労働；職場委員長等 | 月例を目指すが未達。有給取得，職場環境について意見交換。 |

注：ヒアリングより作成

Program適用労働者は出勤し，事業所労使の委員会が計画した自治体や学校のボランティア業務に従事する。なお，生産増の場合は，最後にレイオフされた者から順に職場に復帰する。

　配置に関わって補足したい。生産減に伴う余剰人員は先任権の浅

い者からのレイオフであるが，退職や休職によって発生した空席の補充のルールが複雑である。A工場では，各人は事前に将来どの職務に就きたいかの希望を提出することが義務づけられていた。空席は上記の理由によって発生した空席（一次空席）のみならず，その結果発生する二次的，三次的空席にも先任権が適用された。この配置に関わる業務量は膨大で上級職長の仕事の8割はこの実務に当てられていたという（詳細は石田・篠原，2014，66-67頁を参照されたい）。

## 2-2　J工場

　目を日本の工場に転ずれば全く違った世界が現れる。事業所レベルから課レベルまでの重層的な労使協議制度が構築されている。表5-3に示したJ1工場とJ2工場とで労働時間規制についての組合機能に相違がみられるので，それぞれを瞥見したい。

### J1工場

　表中の「生産・販売団交」と「確認会」は勤務体制に関する協議の場である。前者が2カ月単位の時間軸であるのに対して，後者はより正確な「確認」をするため1カ月単位となっている。J1工場はライン労働に残業を認めないという労使間のルールが長年にわたり遵守されているので，生産計画の変動（J1工場の実態に即していえば，生産増であるが）に対する労働投入の変更の具体策は土曜等の休日における出勤と「期間従業員」の採用である。この休日における出勤は休日買上（割増賃金を支給＝147％し，代替休日を措置しない）と休日出勤（代替休日を措置し，割増部分＝47％を支給する）があるが，「生産・販売団交」と「確認会」での協議事項は休日買上である。休日買上は月間2回まで，連続＝毎週は禁止という上限ルールをお

いている。他方，休日出勤は「ブロック折衝」での協議事項である。休日買上は工場全体の生産増に対応する目的で代替休日を措置しない休日における出勤であるから，事業所レベルの協議事項となり，他方，休日出勤は個別職場事情から要請される出勤であるので，課レベルでの協議事項になる。

　これらの休日での出勤要請それ自体は，組合によって拒否されることはないと思われるが，個々人が休日での出勤をするかどうかについては，課長との「ブロック折衝」（毎週木曜日開催）で各課の非専従組合役員である執行委員の了解が不可欠になっている。了解の判断は「有給休暇の完全取得」が可能かどうかによっている。ライン労働の「残業なし」と「有給休暇の完全取得」の実現は自動車諸企業の中でも強い労働時間規制がなされていることを示している。<sup>(1)</sup>

### J2工場

　ここでも「月次生産協議」，「特別生産協議」，「職場労使意見交換会」等が事業所レベルから課レベルまで重層的に設置されている。だが，日本の工場としてはJ2工場が普通だと思われるが，労働時間へのJ1工場並みの労働組合の発言は困難な事情にある。例えば，（ア）「月次生産協議」で決まる基本勤務体制には残業が織り込まれ，残業と休日出勤の組み合わせになる。（イ）いったん決定された勤務体制が種々の事情から再提案され「特別労使協議」が少なからざる頻度で開催される。（ウ）「職場労使意見交換会」は，主として有給休暇の取得促進を図るための，J1工場の「ブロック折衝」に相当する場であるが，月一度の定例的開催は必ずしも定着に至っていない。

## 2-3　相違の含意

　A工場とJ工場の違いは明白である。勤務体制の協議なき世界と重層的で頻繁な協議に満ちた世界と。

　A工場は生産減にはレイオフ，生産増には残業（1日1時間まで）と土曜日出勤（2週連続は不可）で対応するが，いずれも全国協約に定められたルールをそのまま適用するだけであるから，工場レベルでの協議事項ではない。J工場では生産減の場合レイオフがルール化されていないので決定は労使協議に委ねられる。生産増にも協約上の一律的規制が働かないのでこれも労使協議に委ねられる。また，A工場は協議の余地がないまでに全国協約の縛りを工場経営に適用する平明な世界である。他方，J工場は経営の要請と労働側の「雇用保障を通じた無理のない働き方」のバランスに配慮する込み入った関係におかれている。

　A工場の労使関係は報酬の集団的・一律的決定，レイオフ後の賃金保障の前提のもとで，（以下の能率管理の項目で触れるように）労働給付の最小化を求める組合ローカルによる職務規制によって形作られているといってよい。もちろん，経営がこの仕組みをこのまま是認するはずはない。以下はこの攻防をめぐる葛藤の様相を観察することになる。他方，J工場における企業と労働，労働側内部の個と全体，それぞれのバランスの確保はその都度の労使間の話し合い，労労間の（組合役員と組合員との）話し合いによってしか秩序が保たれない性格のものである。一語でいえばJ工場の労使関係は「コミュニケーション」という中立的な言葉の中に埋没している。ここにはA工場にみられるような対立と妥協の戦歴である「ルールの体系」として労使関係は表現されていない。

　このような日米の自動車工場の相違は資本主義の違いとして概念

化されるべき相違である。Hall & Soskice（2001）は，調整的市場経済（例えば日本）の自由主義的市場経済（例えば米国）に対する優位点の一つに「熟慮に基づく討議の仕組み」の存在を指摘している。また，「話し合い」が日常的になされている職場では，労働問題で最も大事な「どの仕事を誰が行うのか」「これをどの水準で遂行したらどのように評価されるのか」という，事前には正確に決定できない分配ルールが，仕事を遂行しながら徐々に経験に基づいて納得的なルールとして醸成されると述べている（pp.11-12）。

## 3　工場の管理機構

　上記は生産量の変動に対して労働給付を量的にどのように調整するのかを比較したものである。工場の運営にとって，単に生産量に対応した労働量の調整だけでなく，工場のパフォーマンスを向上させて市場競争に対処する品質の向上と原価の低減をもたらす「働き方」をいかに確保するのか（＝労働の質的確保）が一層重要である。だがこれを直接観察することは難しい。

　工場のパフォーマンスは原価，品質等の管理指標に表現される。労働の質的確保自体を直接観察することはinvisibleであるため困難であり，visibleである質的確保の方策＝仕方様式に着目することが肝要である。これは日本で通常いわれている管理指標のPDCAの仕組みの観察になる。

　表5-4は，A工場と日本の三つの工場について，PDCAの進捗会議を列挙したものである。いずれの工場もQ（＝品質），C（＝コスト）は工場のパフォーマンスを示す重要な指標であり，その目標の完遂が工場経営の要諦であることを示している。だが，J工場が経

表5-4　PDCAの進捗会議

| | 名称 | 構成と性格等 |
|---|---|---|
| A工場 | Plant Quality Council | 経営；plant manager, personnel director, staff（finance, quality, material, engineering）, area managers（body, paint, general assembly）, quality network management representative |
| | | 労働；union president, bargaining chair, 5 shop committee persons, quality network representative, joint activity representative |
| | | 頻度；毎週。不安定 |
| | | 議題；方針管理（スコアーカード）の指標 |
| | Area Quality Council | 経営；area manager, 2 superintendents, manufacturing coordinator |
| | | 労働；1 shop committee person, 6 district committee person, quality communication advisor |
| | | 頻度；毎週。不安定 |
| | | 議題；チームごとのスコアーカードの業績等 |
| | Department Quality Council | 経営；superintendent, manufacturing coordinator |
| | | 労働；district committee person, quality communication advisor |
| | | 頻度；毎週。著しく不定。 |
| J1工場 | 工場「原価低減会議」と「推進会議」 | 参加者；工場長→部長、課長。 |
| | | 議題；「アクションプラン」の進捗管理。 |
| | | 頻度；「原価低減会議」は毎月。「推進会議」は毎日。 |
| | 課「原価低減会議」と「持ち帰り会議」 | 議題；「アクションプラン」の進捗他。 |
| | | 頻度；「原価低減会議」は毎月。「持ち帰り会議」は毎日。 |
| J2工場 | 所長→工場長レベル | 議題；工場毎のSMQCDの進捗管理。 |
| | 工場長→モジュールマネジャー | 議題；毎週2回、モジュールのSMQCDの進捗管理。 |
| | モジュールマネジャー→ユニットリーダー | 議題；毎週2回、各ユニットのSMQCDの進捗管理。 |
| | ユニットリーダー→作業者 | 毎日の朝礼、ミーティング |

| J3工場 | | 原価 | 生産性 | 品質 | 連絡・総合 |
|---|---|---|---|---|---|
| | 全社 | 原価会議（4半期） | 生産部門会議（2ヶ月）<br>監査改良会議（年5回） | 品質機能会議（年5回） | |
| | 工場 | 経営会議（月） | 経営会議（月） | 品質会議（月2回） | |
| | 部 | BT2会議（月） | BT2会議（月） | 品質会議（月1回）<br>品質相談会（週） | 部会（週） |
| | 課 | 課内会議（週）<br>職制連絡会（月） | 課内会議（週）<br>職制連絡会（月） | 課内会議（週）<br>GLミーティング（毎直） | 課内会議（週）<br>職制連絡会（月） |

営管理組織の内部で進捗を管理しているのに対して，A工場の特筆すべき特徴は進捗会議が労働組合の参加による労使合同の組織で行われていることである。この形式の違いはA工場とJ工場の労働の質的確保の相違の一切を表現している。

## 3-1　A工場

### 目標と組織運営

PDCAの出発点であるPは「スコアーカード」に示され，コスト，品質，納期等，目標となる管理指標はJ工場と違いはない。

この進捗管理にあたる労使合同の会議（quality council）は，工場レベル（PQC），課レベル（＝車体課，塗装課，組立課）（AQC），シフトレベル（各課内のシフトごと）（DQC）に設置されている[2]。

会議運営が大問題である。「スコアーカード」の指標の実績報告がなされるが，報告後の討議は険悪な雰囲気になるという。例えば組合側が「"これこれの問題でSuperintendent（係長）が少しも協力してくれません"と発言すれば，PQCには工場長もいるから，Area Manager（課長）は急に顔色を失い苦境に立たされる。」「組合がよくやる戦術だ」（石田・篠原，2014，102頁）という。労使関係が悪化してくると労使いずれも会合を忌避するようになる。DQCに至ってはPQC，AQCの開催が非定期になると，全く開催されなくなるという。

### 問題点

1980年代半ばまでは「スコアーカード」はなく，予算実績，売上台数実績，生産台数計画が四半期ごとに工場から従業員に対して広報されるだけであった。そんな時代の中で日本へのキャッチアップ

が急がれ，1987年ごろから労使合同のQuality Councilが導入された。誠に大きな変化であった。しかし，このGMなりの工場管理の改善努力は円滑に進まなかった。何故か。

第一に，会議名称がQuality Councilとなっているように，事業所の本来的目標である原価，品質，納期のうち，比較的労使合意が形成されやすい品質に重点が置かれた。ここに原価低減や生産性向上への協力体制構築へのためらいがある。

第二に，対立的労使関係が陰に陽に影を落とし，労使合同の会議の運営が不安定であることだ。その一因として紛争処理手続きの混乱も無視できない。工場内には伝統的な紛争処理手続きである苦情処理手続きがあるが，苦情が上の引用例のようにQuality Councilに持ち込まれ，PDCAの運営が頓挫する。職場の紛争の処理にあたって，（ア）苦情処理手続き，（イ）問題処理のための特別会議の設置，（ウ）Quality Councilの三つの手段を組合ローカルは状況に応じて戦術的に行使するという。

しかし，第三に，労使の紛争多発性を生ずる原点が何かに目をこらさなくてはならない。「スコアーカード」に示される管理指標の実践主体の欠如がそれである。GMの改革の標語は「チームコンセプト」であったが，一言でいえば，「チームコンセプト」は現場監督者層の能力的欠落を，現場作業者＝組合員の働き方の改変を通じて補おうとしたものであった。

その内実を直視しよう。

## 職　長

第一に職長の構成の問題である。職長は30人から50人の労働者の管理にあたっている。艤装工程を例にすれば，16人の職長の内訳

は，（ア）現場からの内部昇進者３人，（イ）大卒技術者の初任配属者５人，（ウ）人材会社からの派遣者８人となっている。次の質疑に注目されたい。質問「この構成で職場管理に問題は起きないのか。」答え「大きな問題だ。彼らは問題が起きても，そもそも誰に聞いたらよいかもわからないのだ。だから彼らも働いていてもつらいはずだ。労働者の彼ら職長に対する不満は職場の仕事がよくわかっていないということだ。」「もう一つの問題は，この国では理系大卒の新人を職長にするという問題である。彼らは職場の知識が全くないにもかかわらず，職場を管理しなくてはならない。いつもこのことが係争を引き起こしている。」（石田・篠原，2014，110頁）。

　第二の問題は職長の技能内容とレベルである。日本の工場との比較で考察したい。

　（ア）ラインバランシング：生産量の変動，車種構成の変動に伴って各作業工程の要素作業の編成を変更して工程編成を変える必要がある。この業務は日本では職長の業務であるが，Ａ工場では生産技術者（trim engineer）の業務である。「日本ではそれができなかったら職長になれない」との説明に対しての被面接者の反応。「そうか，それで日本の職場では原価低減ができるわけか。アメリカではそういう事情がわかっていない。この国では職長のあるべき役割がわからず，その技能形成も図っていないということだ」。

　（イ）新車立ち上げ時の職長の関与も低く，したがって，現場作業者の標準作業の設定への関与も低い。「例外として，特別に優秀な職長が立ち上げに関与したが，そういう職長は生産技術部門に昇進していく」。

　（ウ）量産体制時の工数低減への関与も低い。工数低減の方策はIndustrial Engineer（以下IE）が「コンピューターで計算して，職

長にアドバイスする」。それを受けて職長が職場に行って実施しようとするが「苦情処理手続きに訴えられるか」，その前にむしろ，「単にうまくいかない」。

（エ）品質管理についても，再発防止策をとるのではなく，しばしば「職長は工程作業者のミスだとし，」「無給で家にいろと作業者に恐怖心を植え付けた」（以上引用は同上，111-113頁）という。

　元来，現場上がりの職長が70％を占めていた古い時代にも職長の権威は問題処理能力にあったのではなく，懲戒処分権と工場内の保全等の専門職掌とのコネクションの親密さに依拠していた。これが伝統的なテーラリズムの職場管理であった。現状に驚くのではなく，伝統の延長に現状があるという理解が必要であろう。

### 実際の担い手

　職場の管理者である職長の実情が上述のようであってもグローバル競争は待ったなしで工場の品質，コスト，納期の改善を強いる。この状況下で，経営は労働者，労働組合に，経営管理が不備なままに，労働の改革を迫った。経営管理問題を職場労働者の働き方の問題に置き換える迫り方をしたのである。一律平等の処遇と，それに見合った定型的業務の遂行とで特徴づけられている職場で誰がその要請に応えるのであろうか。以下はその実情である。

　（ア）一般作業者への要請：働き方の改革で何を要請したかを詳述することは紙幅の関係でかなわないが，要約的にいえば，一般作業者に対して「人，安全，品質，稼働率，原価，出勤率に関する工場の目標を周知し，その目標の達成に向けての職場の役割を周知する」（同上，121頁）こと，そして一般作業者はその役割を遂行するということである。このような要請自体は，日本の工場と変わらな

い。だが，問題はこの要請への一般作業者からの合意を調達する手
段がみえてこないことである。重要な手段はチームコンセプトの一
環での具体的方策である「ジョブ・ローテーション」だといわれて
きた。1999年にローカル交渉で「ジョブ・ローテーション」が合意
され，「（6～7人で構成される）各チームは最低でも一日一回，ただ
し1時間おきには行わない」という珍奇で機械的なルールでのロー
テーションの強制が合意された。労働者は「他の工程の仕事を6つ
も覚えなくてはならなくなり職場に緊張が高まり」，2002年6月に
はローカル役員選挙の結果，旧執行部は1名を除いて全員が落選し
新執行部の体制となった。新執行部は2003年協約で「チームメン
バーのチーム内のローテーションは，それぞれのチームが決定し合
意した頻度で行う」こととした。経営が「ジョブ・ローテーション」
にこだわったのは，「欠勤の補充がやりやすくなること，ローテー
ションを行えばひどい工程のつらさがわかり，その工程の改善をし
ようとする力が働くこと」にある。「実際そういう実例もある」と
いうが，だが実際には改善はIEが机上で行うしかない。結局，
「ジョブ・ローテーション」は，予想通りとはいえ，働き方の改変
の手段にはならなかった（以上引用は同上，121-123頁）。

　（イ）チームコーディネーター：「チーム組織」を起動する原動力
は一般作業者の「ジョブ・ローテーション」にはない。「チーム組織」
を牽引する役割を担う人々が必要である。結局は次の二種の人々に
担われることになる。一つは生産労働者の時給26.16ドルに0.5ドル
が上乗せされるチームコーディネーター（以下TC）であり，もう一
つは労働組合組織の項目で述べた（本書106頁）任命役員（全国協約
で設定された13人，ローカル交渉で経営と合意した40人。給与は会社支給）
である。

TCは7人程度のチームに1名がおかれる。選抜は自主的応募，2日間に及ぶアセスメントを経て，合格者の課別リストを作成し，TCに欠員が発生した都度，先任権順位が高い者から任用する。ローカル協約に列挙されているTCの役割は，日本の職長に匹敵するものであるが，実際の役割は極めて限定的である。後の品質管理と能率管理に関わって言及したい。ここでは，TCの役割が限定的になる事情を述べる。TCの労働は一般作業者の休暇や欠勤の補充のためにライン労働に従事する比重が夏季には50%に及ぶ。そのため，TC固有の業務に加えてライン労働の負荷をカウントすると0.5ドルの時給上乗せだけでは割が悪く，応募が少なくなる可能性があるので「実際のアセスメントのレベルを非常に下げて，実際には誰も落ちた人はいない。結果としてTCは必ずしも優秀ではなかった」。加えて，TCのキャリアは職長に伸びていない。「というのも，近年，職長になるためには，大学卒業資格と学業成績のGPAが3.0以上なければならないからだ。」（同上，131頁）。

　（ウ）任命役員：ローカル任命役員の総数は40名であるが，彼らの担当業務は，**表5-5**に示したProblem Solver，Safety Adviser，Quality Communication Advisor（以下QCA）の三つが主要職種である。任命役員の人数，行うべき業務はローカルと事業所経営との合意に基づく。協約上の文言は次の内容に尽きる。「QCA，Safety Adviser，Problem Solverに特定の遂行すべき職務があることを経営は認識する。その職務の基本は，安全な作業環境の維持，チーム形成の助長である。彼らは，また，組織文化の変革を助長し，チームの文化の変革を促す。したがって，経営は上記三職種の従事者が欠勤補充にあたることを状況が許す限り極力最小にするように努める」。

表5-5　非定常業務の担当者

| 名　　　称 | 人　　　数 | 選抜方法 | 職務内容 |
|---|---|---|---|
| Team coordinator | チームに1人 | 試験で合格した者から先任権順に会社が任命 | 品質対応、訓練、標準作業表改訂、記録等。 |
| Problem solver | 車体と組立課はシフトに2人。塗装課はシフトに1人。合計10人 | レジュメを提出し、Area quality councilが面接し決定。その上で組合が任命 | 品質不良などで職長とteam coordinatorを手伝う |
| Safety advisor | 各課のシフトに1人。合計7人 | 同上 | 安全パトロール、安全教育 |
| Quality communication advisor | 車体、塗装、資材、保全はシフトに1人。組立はシフトに2人。合計13人 | 同上 | 工場新聞の編集発行配付、毎週のteam coordinator会議の主催 |

注：ヒアリングより作成

　協約の規定ではよくわからないので実情を整理すれば、①QCAは課レベルの進捗会議であるAQCに参加し、チーム形成の展開に尽力すること、②Safety Adviserは職場の安全衛生確保に従事すること、③Problem Solverはライン中途での検査工程で発見された品質不良の記録書類（「ブルーカード」）の職長への伝達確保、品質関連のデータ更新の補助である。

　国際競争への対応からチームコンセプトに基づく働き方の改変が急務であったが、その大前提である労働組合の合意を取りつけるための交換条件で、労使合同のPDCAの進捗管理体制の構築、多数の任命役員の設定がなされたと考えられる。かくして、PDCAを職場レベルで運用する主体の形成を欠落させたままに事態は進行することとなった。

## 3-2　J工場

### 概　況

　A工場は労使対立を抑止するはずの労使合同のPDCAの管理が軋
轢まみれになることを余儀なくされたが，それに対してJ工場は，
そうした対立や軋轢からは無縁であり，工場の目標の遂行と管理は
経営の管理機構に沿って整然となされている。無論，企業によって
管理の細部の機構は相違しているが，日米比較の次元でいえばそれ
は極めて些細な相違である。

　PDCAの進捗管理および運用主体は現場監督層であり，かつ，現
場の一般作業者に応分の役割が課され，かつ実践する担い手である
ことが期待された管理機構であり，工場の目標遂行の仕組みは正規
従業員の最底辺にまで浸透している。


### 一般作業者のキャリア特性

　現場監督層と一般作業者からなる現場の人々がPDCAの不可欠な
担い手であるためには，現場の仕事を熟知した監督層の育成がなく
てはならない。同じことであるが，一般作業者の技能形成が監督層
に伸びているキャリア経路が存在していなくてはならない。すでに
内部労働市場の比較をまとめた前掲表5-1でみたように，J工場
は何段階かの等級区分に沿って昇格を予定した仕組みになってい
る。だが，一般作業者から現場監督層への昇進はポストの限定があ
るはずであるから，このキャリア経路を理解する枢要点は昇格に応
じた具体的な仕事＝ポストがどのように用意されているのかにか
かっている。

　J1工場は，前掲表5-4に示されているように，旧来の課を「モ
ジュール」，係を「ユニット」とし，各「ユニット」に品質，保全，

生産技術の担当者をスタッフとして組み込んで，「ユニット」を
PDCAの自己完結的な遂行単位とする組織改革を行った。2000年前
後のことである。これは一般作業者が単に班長代行⇒班長⇒係長とい
う単線の昇進経路ではなく，「スタッフをユニットの中に入れて
おくと，目指すものが自分たちでわかり」，「品質を目指す人間」，
「生産技術を目指す人間」（石田他，2009，178頁）等，スタッフへの
昇進経路も明確にすることを狙った改革であった。

　J3工場も，一般作業者は単にチームリーダー⇒現場監督者（組
長→工長）というラインの単線経路だけではなく，「改善組」，「原価
低減組」，「トライ」のルートがあるのみならず，組立部レベルに設
置されている品質係，組立部に付置されている技術員室（大卒以上
のエンジニアに加えて，それに匹敵する人数の一般作業者出身者が所属），
および品質管理部内の技術員室（室内の人員の2割程度は一般作業者出
身）等の多様な昇進経路がある。

　このように日本の現場の人材は直接的な生産業務の習熟のみなら
ず，品質やコストに関わるPDCAの実践に不可欠な半ばテクニシャ
ン的な業務にキャリアが伸びており，エンジニアとの協働が可能な
現場となっている。

## 3-3　管理機構と労働アーキテクチャー

　A工場とJ工場の目標の管理機構の相違はその担い手の配置様式
の相違と表裏の関係にある。労働の配置様式は，一般的な経済用語
では分業といわれるが，階層組織の内部に即していえば労働アーキ
テクチャーと表現したほうがしっくりくる。管理機構と労働アーキ
テクチャーとの合成によって仕事管理が形作られる。その相互のイ
ンターラクションの実相は具体的な目標である品質管理と能率管理

に即してより詳細に観察する必要がある。

# 4　品質管理

　管理という行為は通常，上からの行為であるが，品質管理の場合，品質不良の発生は組織の末端の現場で生起するため，時々刻々の問題処理と情報処理，根本原因の究明と対策，対策の現場への定着という下から上への具体的行動から出発する点が品質管理の特質である。このため，品質管理は職場レベルでの国々の労働特性の差異をあからさまに示す管理領域である。話をわかりやすくするためにここでは，Ｊ工場の記述からはじめたい。

## 4-1　Ｊ工場[3]

### 目　標

　最終組立ラインの品質に関わる管理指標は「台当たり不具合件数」である。「不具合件数」は最終組立ラインの次の工程である最終検査ラインで発見された不具合の件数のことである。したがって，組立ラインとしては最終検査ラインに車両が移動する前に組立ライン内部で不具合を抑制防止する必要がある。

### 行　動

　組立ライン内での不具合の抑制防止手段には三つの領域がある。（ア）ライン内での通常の処理，（イ）ライン内検査工程（クオリティー・ゲート＝QG）での処理，（ウ）解析場での処理の三つである。

　（ア）ライン内での通常の処理：作業者が不具合を発見したら「アンドン・コード」を引く[4]。引くとランプが点灯するので「チームリー

ダー」が駆けつけ，不具合カ所を見て，①ラインを動かしながら手直しができるか（この場合，手直しが終わったら「コード」をもう一度引いてランプの点灯を解除し，ラインは停止することなく運行する），それとも，②ラインを止めて処置する必要があるか，③それでも駄目だと判断し，ラインを止めずに「張り紙」を貼付して検査ライン直前で「跳ねだし」を指示して処置するか，この三つを瞬時に判断する。「チームリーダー」は，処置が終わった後に「どの連番の車がどの部位でどのような手直しを行ったか」を班ごとの帳面に記入する。これは不具合件数にカウントされないが品質対策のデータとして重要である。

　（イ）QGでの処理：次の工程に行ってからでは上に物が被さったりして，内部の手直しが困難になるような要所にQGを設定する。QGも一つの工程であるから，タクトタイム（1工程での60秒とか55秒とかの作業時間）があり，タクトタイム内で検査が可能なようにおよそ10項目程度の検査を標準作業として設定している。QGの標準作業には発見した不具合を作業者が帳面に記帳する時間も含まれている。また，そのシフトが終了してから「チームリーダー」や組長が，不具合の情報を時間内もしくは残業をしてパソコンに打ち込むのが普通である。QGの作業者も一般の工程の作業者と同様に，不具合を発見したら「コード」を引くだけである。「チームリーダー」が駆けつけ，一般の工程と同様に上記の三つの判断をする。

　（ウ）解析場での処置：最終検査ラインに至る前に，上述した「跳ねだし」を指示した「張り紙」が貼付された車両の不具合を処理する最後の場所が解析場である。ここには「手直し組」と呼ばれる3名の組立工程の経験豊富な作業者が配置される。注目すべきは組立ラインの次の，最後の工程である最終検査ラインに付置されている

「手直しエリア」には，組立の関係が3名，塗装関係，車体関係も
それぞれ1，2名が配置されているだけということである。現場の
作り込みがいかに徹底されているかは，外国の工場では，「手直し
エリア」が随所に付置され，多数の（例えば120名等）手直し工が配
置されている実情との比較からして歴然としている。

### 管理機構

　前掲表5-4のJ3工場の品質欄の会議体のうち部以下のレベルの
詳細は**表5-6**のとおりである。

　この機構の起動力は「下から上なんです」という説明に尽くされ
ている。最も重要な会議はGL（組長）ミーティングである。現場の
不具合がここに集約され，GLが（ア）「自分たちの中の原因か」，
（イ）「前工程や部品や設計の問題か」を判断する。（ア）であれば，
TL（チームリーダー）が絶えず現場で作業者とコミュニケーション
をとり，作業方法が悪い場合は要素作業表をGLが改定していく。
（イ）であれば，部の「品質相談会」で方策を論じ合い，設計に無
理がある場合は技術員室を通じて設計部門と部品変更を折衝する。
購入部品に起因する不具合は，組立部の技術員と品質管理部の技術
員が部品メーカーと折衝することになる。

　品質管理は，GLミーティングが核となり不具合を現場自身の問
題と他部門との問題に仕分けし，後者は組立部直属の品質係，組立
部に付置されている技術員室，および品質管理部との連携と協力に
よってなされている。これらの努力があってはじめて部の品質会議
は不具合件数や直行率の数値管理が可能になる。

表5-6　品質の進捗会議の詳細

|  | 参加者 | 特徴 |
|---|---|---|
| 部の品質会議<br>（月1回） | 部長，部次長，製造各課長，保全各課長，物流課長，品質担当の工長，品質管理部技術員室長，ラインの工長。<br>進行役：部付きの品質係 | 指標（「台あたり不具合件数」や「直行率」）中心に進捗管理。 |
| 部の品質相談会<br>（毎週） | 部の品質会議と同じ。<br>加えて一般の技術員も参加。 | 1．対策を考える。特に技術部門への設計依頼。<br>2．部品仕様の変更依頼。<br>3．現場の改善事例のヨコ展開。 |
| 課内会議<br>（毎週） | 課長，工長。 | 指標（「台あたり不具合件数」や「直行率」）品質だけではなく方針管理全般を討議 |
| 課のGLミーティング<br>（毎直） | 工長，品質担当工長，組長。加えて，随時，技術員室技術員，トライの技能員。 | 1．工長から部の品質会議や品質相談会で提出された問題やヨコ展開の事項を話し合う。<br>2．組長はTLから上がってきた不具合問題を持ち寄る。<br>3．部品や設計に関係した不具合で困っていることを話し合う。<br>4．組間の連絡調整。 |

担い手

　J工場の現場の職務遂行能力の高さを単に現場作業者のそれとして理解することは正確ではない。上述した「一般作業者のキャリア特性」と重複するが，品質管理に関してやや仔細に観察してみる。（ア）現場の作業者の技能序列の基本は，工程の作業者⇒QGの作業者⇒TL⇒解析場の作業者⇒組長（GL）[5]として形成されるであろう。しかし，これ以外に，（イ）トライの従事者，（ウ）部付きの品質係の人々，（エ）技術員室の人々，（オ）品質管理部の人々が関係している。（イ）はTLおよびGLクラスの数十名からなり，新規車種のモデルチェンジの順調な量産体制への移行に関与している人々である。品質面の不安定抑制も業務に含まれる。（ウ）も全員が作業者上がりであり，部の詳細な品質不具合のデータの管理を行い，「GLミーティング」を通じて集約される現場の品質問題を，独自に調査

をして原因を究明することを含めて，問題を仕分けし品質相談会を主催する。（エ）はエンジニアと作業者の混成部隊である。この中の号口生産（トライが終了した後の通常生産）のグループは組立部保全課と連携して設備の稼働に責任をもつ機能と品質に関与する機能とを併せもつ人々である。この人々は部レベルの品質会議，品質相談会，課の「GLミーティング」に深く関与している。（オ）は検査課と技術員室とからなる。検査課は，最終検査ラインに従事する作業者の所属する組織である。他方，技術員室は主としてエンジニアからなる組織であるが，4分の1程度は作業者上がりである。技術員室は品質にエンジニアリングの側面から関与する役割をもつが，その遂行に現場作業者の経験的技能が欠かせない。このキャリアの深さに現場作業者の技能がよく表現されている。

　煩雑な説明になってしまったが，重要な点であるので補足説明をしたい。現場の作業者が現場での品質の作り込みに従事することが可能な技能を習得することは，最終検査工程における手直し要員を大幅に削減できるという利点がある。こうした技能習得に対しての報酬体系は，然るべき昇格を保証し，ここが重要な点であるが，その技能を活かす職位（ポスト）を具体的に提供しなくてはならないという関係になるということである。上の（ア）のキャリア以外に（イ）から（オ）の職位の提供がそれである。先取りした議論になるが，以下にみるA工場（GM）もVWの工場も現場の作業者が現場での品質の作り込みに従事する働き方をしないために，多くの最終検査工程での手直し要員の配置が必要になる。しかし，J工場でみられる（イ）から（オ）のような職位の提供はなく，（ア）中心のまことにスリムな組織である。いずれがコスト・エフェクティヴであるかの計算をした結果ではない。「第Ⅲ部」の日本と欧米の雇用

関係がそれぞれに固有の構造であるという議論（本書第8章163頁）の前提になる事実関係がここで理解されれば十分である。

## 4-2　A工場 <sup>(6)</sup>

### テーラリズムの伝統

A工場の1970年代までの品質管理は，組立ラインの最終工程で品質課の検査員が不具合を発見し，その情報がエンジニアに伝えられエンジニアが処理するという方式であった。エンジニアは独自に対策を講じて作業者と話し合うことなく職場に来て命令するだけである。その際エンジニアは自らの権威に挑戦されることを嫌い，作業者の質問はよくないことだとみなされていた。テーラリズム的管理は技術者志向が強く，生産現場は定常的業務を遂行するだけの組織であったということだ。一般作業者が担当するSPC（Statistical Process Control）という職務が1985年に新設され，特定の品質問題についてエンジニアがSPC担当者に相談するケースが出はじめたが，エンジニアから職場へのフィードバックは存在しなかった。

また次の最終検査工程でさらに発見される不具合は，検査工程に併設されている「手直しエリア」で多人数の手直し工が修復作業に従事していた。

### 行　動

品質は現場の問題として発生する。現場での不具合の処理はどうなっているのか。伝統的な組立ラインの最終工程での検査員の不具合の発見に加えて，（ア）一般作業者が「アンドン・コード」を引くことによって始動する不具合の処理，（イ）組立ライン中途の検査工程（Verification Station＝以下VS）の設置による不具合の処理に

よって組立ライン内での不具合の処理を目指した。

　（ア），（イ）はいずれも「コード」が引かれると，Ｊ工場における
チームリーダー（TL）に相当するチームコーディネーター（TC）
が駆けつけて不具合の処理にあたることが予定されていたが，担当
範囲10工程，1工程の長さが22フィートであるとすると，組立ライ
ンのタクトタイム（＝サイクルタイムとも呼称する）54秒の制約の中
で220フィートのカバーが必要になる。ライン停止にならないよう
にTCが対応することは困難である。「職長，スーパーインテンデン
ト，そして部門長でさえアンドンシステムが生産計画未達成の原因
の一因であるとして，このシステムを使わないよう従業員に広く促
したほどである。欠陥品は手直しされるべき最終検査ラインに速や
かに運ぶという大量生産方式のほうが彼らにとってやりやすかった
のである」（石田・篠原，2014，256-257頁）。


## 管理機構

　「アンドン・コード」による不具合の処理が円滑に作動しないこ
とが根本的な問題であるが，品質管理のためには，さらに不具合の
記録，根本原因の追求の仕組みが必要である。不具合の内容，発見
した場所，不具合発生の工程，発生原因の特定，応急措置の内容，
再発防止策等を記録する「ブルーカード」（＝以下BC）と呼ばれる
チェック表を導入した。組立最終工程もしくはVSで発見された不
具合はBCに記入される。BCは職長に回付され，職長は再発防止策
を講ずる。他方，BCは集約され毎日開催されるQuality Meeting（表
5-4の労使合同のQuality Councilとは別の，品質課とラインマネジャーの
みの会議）で取り上げられ，技術的視点も加味されて対策が講じら
れる。このQuality Meetingに職長が加わらず，もう一段上の経営

層のみの会議体であることがテーラリズム的管理に象徴的な特徴である。対策の現場へのフィードバックは，品質に留意した標準作業表の改訂を通じてなされる。この改訂は，かつてはIE（Industrial Engineer）が行っていたが，TCが行うようになっている。


## 軋　轢

だが次のようなことが頻発する。不具合の発見された職場の職長にBCが回付されるが，職長は多くの場合，作業者のミスであるとする。それによって，職長は根本原因を追究する必要がなくなるからである。職長は不具合をよく出す作業者に「明日もBCを発行されたら無給での自宅待機だ」と言う。「BCは作業者に恐怖心を植え込む。」（同上，155頁）。作業者と職長との口論になり，作業者は組合役員を呼ぶ。そこで収まらなければ復職，未払い賃金の支給を求めて苦情処理手続きにかかる。

無論，よきケースでは「職長はチームに行ってTCと話をする。作業者はローテーションをしているので，不具合のことはよくわかっていて問題解決を始めているだろう。だから，チームの方から職長にどこが悪いのかを説明し，問題処理の用紙にすでに対策を書き込んでいるだろう。それに基づいて，職長はBCに対策を記入し，スーパーインテンデントを通じてQuality Meetingで報告する」。これに報いるために，「このチームは過去7週間にわたって品質不良を出していない。そこのTCに賞状を授与し，小さなセレモニーをしてチームの写真をとる。次の7週も首尾よく進めば，ランチを一緒にする。3回目にはTシャツを支給し，という具合だ。」（同上，156）。

だが，（ア）職長の半数が外部人材であることに端的に表現され

る職場管理者としての技能の欠落，（イ）組立ライン最終工程の検査とVSの担当者が品質課の作業者であって，生産ラインの作業者とはローテーションになっておらず，作業者の技能形成のプロセスに組み込まれていないこと，（ウ）職長の技量不足を代替すべく期待されているTCの技能も限定的であること等によって円滑な品質管理への制度的保障はまことに脆弱である。

## 5　能率管理

　能率管理は労働密度に関係するので労使関係の性格による相違が顕著である。J工場では管理が職場に浸透しやすい労使関係であるため，より体系的に記述することが可能であるが，A工場の労使関係は管理が体系的に運用されにくい労使関係であるため体系立った記述が困難である。A工場の困難をよくわかるためにはJ工場の記述を先にし，それとの比較でA工場を記述することにしたい。

### 5-1　J工場<sup>(7)</sup>

#### 前提となる労使関係

　労働組合の基本的態度は「生産性向上の必要の上に立ち，企業の繁栄のために会社諸施策に積極的に協力する」というものであり，能率向上のための工数低減である「改善」に対する「苦情はそんなにない」。その理由は実に簡単で「改善だとかは皆さん仕事だと思っているから」（支部長の言）だという。組合員が「改善」を仕事だと認識する日本の職場社会は，欧米的労使関係からすれば想像を絶していると思われる。

## 目標と管理機構

能率管理のためには，（ア）生産性の算定，（イ）基準時間の設定，（ウ）生産性向上目標の設定，（エ）組織的規制が必要になる。

（ア）生産性の算定式：生産性＝（車種別基準時間×車種別生産台数の総合計）÷（総作業時間×基準総号口率）として示される。分子は生産に投入すべき労働時間であり，分母は実際に作業に投入した労働時間である。出退勤管理で把握される就業時間から，新車切り替えに伴う作業時間や職場ミーティング，教育訓練時間等を差し引いた時間が実際の作業時間である。差し引く時間は就業時間に共通の定率を乗じて計算される。共通の定率のことを基準総号口率と呼んでいる。

（イ）基準時間の設定：新車立ち上げの際に製造課から提出される基準時間申請書を本社生産管理部査業課がチェックして設定される。詳細を省いての説明になるが，設定の基本要因は部品点数の増減であるが，製造課にとっての折衝の余地は従来の生産と比較して自動化した部分の時間削減の見積もりに関してである。また，新車立ち上げの際のトライの過程でトライに従事する現場作業者と技術員室のエンジニアの実地経験を踏まえた基準時間に関する折衝内容も無視できない。

（ウ）生産性向上目標の設定：目標設定は本社生産管理部と工務部改善推進グループとの調整により決定される。本社生産管理部は，役員会の利益計画の中での生産性向上目標に基づき，各工場の工務部改善推進グループに意向を伝達する。他方，工務部改善推進グループは製造各課から製造部を通して上がってくる自主申告をとりまとめている。これにより本社経営トップと現場の意向をすり合わせる。各製造課は何を根拠に目標値（生産性向上率）の自主申告

をするのかが問題である。生産性の向上は，設備の稼働率の向上，ラインバランシングの効率化および工数低減に帰着する。だが，設備稼働率は100％に近く，生産性向上の余地が少ない。他方，後に述べるようにラインバランシングの最適化は基準時間に織り込まれているので，それを最適化しても基準時間を実際時間が下回るという生産性向上につながらない。最適化ができなければ実際時間が増えてしまう。結局，工数低減の他にない。しかし，工数低減の規模は，要素作業の改善による時間短縮以外に，自動化等の設備投資の規模にも依存する。ところが，投資には自動化設備等の大型の予算規模を要する投資と，職場の知恵を結集した改善を進める上で必要な小規模な投資とがある。大規模投資はモデルチェンジと同時であったり，生産設備の更新であったりするために，必ず基準時間の新たな設定となり，生産性向上にはカウントされない。したがって，生産性向上の目標値の申告にあたって考慮すべきは，工数低減の見積もり＋改善に必要な小規模な投資予算の組み合わせとなる。具体的には，製造課長を中心に技術員室のエンジニアとともに，改善に必要な予算を各案件に割り振り，工数低減の規模を割り出す。つまり，申告のベースはこれまでにあたためてきた「改善計画の積み上げ」になる。この製造部からの申告と本社サイドとの目標値に関する最終的調整は工場長が通常行う。

　（エ）組織的規制：全社レベルに生産部門会議があり，以下，工場，部，課の各レベルに能率会議があり，通常月次（ただし，課は週次）に開催されている（前掲表5－4とは会議名称が若干異なっているがこの点は無視されたい）。これら各レベルの会議は各級マネジャーの行動を生産性向上に向けて誘導する。ここでの評価が個々のマネジャーの人事考課に影響するという以前に，会議でのプレッシャー

c

が恒常的に働くことの意味がはるかに大きい。この行動規制は，賃金のインセンティヴ機能に対比されるところの，賞賛・認知と制裁の両方の機能をもつサンクション機能による行動規制である（石田，2003，88-90頁）。会議の出発点は課の能率会議である。生産性を確定するために，生産性の定義式に則り，人員数，出勤率，ライン稼働率，実作業時間，QCサークル等の時間，教育時間，４Ｓの時間が集計されて示される。[8]

　生産性に対する組織的規制で見逃せない点は，現場が人材育成等を犠牲にして生産性向上一本槍の行動に走らないための組織的規制を行っていることである。生産性の定義式から，生産性は改善による総作業時間の短縮以外に，就業時間に占める純粋の作業時間の比率を高めて生産台数を増加させれば向上することになる。定義式では，基準総号口率はあらかじめ定率で設定されているので，現場でQCサークル活動の時間や教育訓練時間を縮減するという行動を誘う可能性を含んでいる。また，GLは本来の業務である改善の推進，品質の確保，部下の指導育成等の業務に専念すべき職位であるが，生産ラインの作業者の欠員を埋めるべく生産ラインの職務に従事すると，これも数字の上では生産性向上として現れる。こうした弊害を除去するために，生産管理部と工場の工務部改善推進グループは，一つはQCサークル等の工数比率を，今一つは監督工数比率（＝GLの生産ライン職務への従事工数の比率）を定めて，この比率の逸脱に対して警告を発する仕組みを組み込んでいる。


### 行動：稼動率・ラインバランシング・工数低減

　生産性の向上は，（ア）設備の稼働率の向上，（イ）ラインバランシングの最適化，（ウ）工数低減に帰着する。

（ア）設備稼働率：この生産性向上への寄与は限定的であると先に述べたが，生産現場は，稼働率の維持向上に責任をもつ。無論，保全労働者の設備故障への対処，エンジニアの再発防止のための解析が主要な活動であるが，生産現場も多くのTLや一部の作業者が「異常処置者」としての資格を取得して設備の「通常の復帰手続き」を試みる。そのことが，保全労働者が現場に来た際の，故障カ所特定の示唆による復帰に要する時間短縮に寄与する。

（イ）ラインバランシングの最適化：ラインバランシングとは，生産量の変動，車種ミックスの変動に対して，作業者一人一人の要素作業をタクトタイム内にいかに積み上げ，組立ライン全体の全工程をいかに効率的に編成するのかという業務である。この作業が効率的でないと「車種別基準時間×車種別生産台数の総合計」に対するところの実際時間が増加してしまうので生産性向上の阻害要因となる。

生産量の変動はタクトタイムの変化と工程数の変化をもたらす。タクトタイム（＝ラインスピード）＝（1シフト当たりの就業時間）÷（1シフト当たりの生産台数）で自動的に算出され決定される。ここから必然的に，①生産台数の増加→タクトタイムの短縮→工程数の増加（または残業時間の増加）となり，②生産量の減少→タクトタイムの増加→工程数の減少となる。①の場合，追加の人数分の習熟訓練が必要になり，2週間の訓練期間が生産性指標で斟酌されるべく設定されているが，その期間では習熟が不十分で，生産性を悪化させる可能性がある。②の場合，1人の工程の作業量が増える。従来行っていた作業はTLが行い，作業者は新たな作業の習熟を兼ねたOJTで作業を進める。ここでも生産性を悪化させる可能性がある。①，②いずれも，生産量の変動に伴う生産性の悪化をいかに抑制するか

の問題になる。この抑制には改善による工数低減が基本となるが（②は直接生産部門での余剰人員の活用問題が加わるが，論述の混乱を避けるために後に言及したい），抑制には経営と職場の葛藤が潜伏しており，その葛藤の処理様式に工数低減に尽くされない職場労使関係の実相が濃縮して表現されている。

この点をよく表現しているのが，ラインバランシングの最適化が必要となる混流生産における車種ミックスの変動への対処である。ある組立ラインで5車種の混流生産をしている場合，それぞれ組立の部品点数が異なり，したがって作業量も異なるため基準時間も異なるが，生産量が一定であれば経営側は同一タクトタイムでの生産を追求する。A車種の山積み（各工程のタクトタイムに占める要素作業時間の比率）が高いために「Aが流れてくるとちょっと遅れる，次にBが流れてくると仕事量が少ないので追い上げる，Cが流れてくるとちょっと追い上げる，Aが流れてくるとまた遅れる」。こういう作業の流れになる。車種ミックスの月次の変動幅は3〜4％であることが普通なので，「苦しいかもしれないが何とか今のままの工程数で走ろう」となる。工程を組み替える準備の労力が大変であることと，組み替え直後のラインが安定しないために生産性が下がるためである。元来，山積の高い工程はときにTL（チームリーダー）がフォローに入るが，車種ミックスの変動によって，TLのフォローの頻度が高まり，特定工程にTLが「つきっきり」となる。こうなると工程を増やさざるを得なくなる。例えば「3工程増やしてくれないとラインは回らない」と主張するCL（工長）と「3工程も増やしたら能率目標が達成できない」と主張する製造課長との葛藤になる。CLは製造課長に「ここは少しこらえてください」と頼み込むことになる。作業負荷をめぐる合意形成が，課長－CL－GL（組

長）－TLという経営の上司部下ラインの相談（コミュニケーション）によってなされ得るということが国際比較的には特段に重視されなくてはならない事実である。この事実に日本の雇用関係の特質のすべてが集約されている。

　（ウ）工数低減：三つの方策がある。（a）投資性（＝改善に必要な小規模な投資予算）の改善，（b）通常の日常的改善，（c）「１秒改善」の三つである。（a）は，製造課長，CL，エンジニアが，（b）はCL，GL，TL層が，（c）は一般作業者が主たる担当者である。この方策間の関係が重要である。（b）の通常の日常的改善が主軸になって，（a）投資性の改善が具体化する。（a）（b）で足らざる点を（c）が埋め合わす。「工・組長が改善をやっておかないと，この装置を入れれば１人工抜けるということではない。現場で作業の組み合わせとか，歩行ロスの低減のためのフローラックなりワゴン台車を追加するなりのことを現場でどんどんやっていって，最後の最後，そこの工程が0.6（人工分の削減）までもってこれた，あと0.4（人工分の削減）がどうしようもない。それで装置となる。こういうものばかりだ。」（石田他，1997，85頁[9]）。なお，（b）の通常の日常的改善には，「改善組」（電気や機械の工作技能をもち，かなりの装置を作成できる人々）の関与がある[10]。

　工数低減は最終的には工程数の削減かタクトタイムの短縮に具体化させなくてはならない。そのためには，平易にいえば，（b），（c）を通じて，タクトタイムに対する山積みの山の高さを低くしておかなくてはならない。具体的には，①増産時に工程数の増加を抑制することである。例えば２％の増産でタクトタイムを２％速く設定しなくてはならなくなると，計算上は従来の50工程に対して１工程を追加しなくてはならなくなるが，それまでに２％分の改善の蓄積

（2％分の山の高さの低減）があれば，1工程の増分をなしで済ますことが可能になり，生産性管理の上では工程数の削減と同じ意味になる。もう一つは，②増産を契機にせずに，タクトタイムを短くすることである。全工程が1秒ずつの改善の蓄積があれば，例えば30分の残業が25分で済み，投入工数が減り能率が上がる。このようなタクトタイムの変更は，ある年度でみれば，1年で4回実施され，都合2.5秒分の短縮を行ったという。

上で，車種ミックスの変動への対処で工程数の増加を抑制してラインを回す際の経営と現場の葛藤を述べたが，ここでも同様の葛藤が潜在している。実際には改善の蓄積に「むら」があり，ある程度の蓄積の段階でタクトタイムの1秒の短縮に踏み込む。この判断にあたり課長と監督層との「話し合い」で処理し得るという事実に，J工場の労使関係の真骨頂がある。

重要な補足であるが，減産時は直接生産部門の生産性を上げても人員余剰が生じる。この際の行動はどうなるのか。あくまでも直接生産部門の生産性向上の手を休めないという。生産性向上の努力の継続の志向が，おそらく，職場のモラール維持で欠かせないほどに規範化しているためであると思われる。


## 5-2　A工場

### 前提となる労使関係

A工場では能率管理は作業負荷（Production Standards）に関する協約によって重い制約下にある。全国協約第79条は「経営によって設定され，または変更された作業負荷について紛争が発生した場合，その苦情は職長によって取り上げられなくてはならない」と謳った上で詳細な苦情処理手続きの規定が続く。労働組合（UAW）

は1937年の組合承認以来，先任権規定とならんで最も重視してきたこの作業負荷協定を手掛かりに作業負荷の一方的増加に抵抗する。ここが労使関係の主戦場になるゆえんである。

### 目標と管理機構：テーラリズム的管理

目標は「スコアーカード」に時間給労働者の人員レベルの目標と実績が表記され，前掲表5‐4の工場レベルのPQCで四半期ごとにレビューされ，結果は本社に報告される。そこには1台当たりの基準時間も実際時間も表記される。だが，この能率関連管理は，もっぱら経営層内部の管理であってPQCでは単に報告されるだけである。工数低減の目標達成率は経営層のボーナスに反映する仕組みをとっている。経営内部の目標設定の仕組みやその進捗管理の方式は不明であるが，以下で述べるように能率管理の実際は相当程度，労使関係に制約され，それに対応した経営管理の杜撰さが顕著である。

### 行動：稼動率・ラインバランシング・工数低減

J工場と同様に能率は，（ア）稼動率，（イ）ラインバランシング，（ウ）工数低減に規定される。だが，経営層・技術者中心の経営管理と職長を含めた職場レベルの技能的弱点を特徴とするテーラリズム的管理は，J工場のような緻密で体系的な管理運営を許さない。

（ア）稼動率：機械の故障に保全労働者が対処し，高度な問題はエンジニア（trim engineer）が対処する。この点ではJ工場と大きな差があるわけではない。だが，稼動率がJ工場では生産職場の責任でもあるのに対して，事業所レベルの責任になっていることがA工場の特徴である。そして，この点以上に驚くべきことは，稼動率を

生産計画上の生産量の達成率で計測していることである。「ライン
は生産計画が前提としているラインスピード以上に速く動かしてい
るので仮に機械の停止がなければ生産実績の達成率は105％とかに
なるようになっている」。このため残業をして生産量を達成すれば
よいことになる。あるいは生産量の達成の遅れは昼休みや休憩時間
の連続勤務により取り戻せばよいことになる。「職長は働いてくれ
れば50％の割増賃金を持ちかける。労働者は故障中に１時間休憩を
とっているし，プレミアムが付くので了解する」（石田・篠原,
2014，166-167頁）という。

　（イ）ラインバランシング：生産計画の変動や車種ミックスの変
動に応じて各工程の要素作業の編成を変更して工程の再編成をする
ラインバランシングを行うのはエンジニア（trim engineer）である。
現場にその能力はない。[11]

　（ウ）工数低減：Ｊ工場では量産に先立つ基準時間の設定について
トライの作業者が関与していることを述べた。Ａ工場では80年代ま
では，工程設計はIEが行っていた。「IEはストップウォッチを持っ
て（立ち上げの）現場に来る。そうなると労働者は仕事をゆっくり
目に進める」。90年代になり，日本へのキャッチアップの必要を自
覚して，IEと労働者からなるチーム（Product Development Team＝
PDT）を導入した。ただし，経営側は組立課では４人の労働者に限
定した。それでもPDTによりIEに対する労働者の敵視の関係は多
少なりとも緩和された。

　量産後の工数低減は，（a）設備投資による低減，（b）部品の置
き方，補助装置の設置を前提にした低減，（c）作業の無駄除去によ
る低減に区分される。Ｊ工場では（b）と（c）を区別せずに「通常
の日常的改善」と認識されているが，Ａ工場では（c）をジョブ・

コンビネーション（Job Combination）と呼び，（b）を「改善」（Kaizen）
と呼んで区別している。ジョブ・コンビネーションはIEが行い，
「改善」は「改善ショップ」というチームが行う。チームは保全の
四つの主要職種（Electrician, Pipefitter, Millwright, Tool Maker）から各
２名，生産労働者から２名で編成され，このチームが二分割され，
一つのチームが組立職場を受け持つ。J工場では（b）（c）が結合
した「通常の日常的改善」を生産現場の監督層（CL，GL）および
TLが実施しているのに対して，A工場のKaizenは特定の生産労働
者１名のみの参加という限定された性格が目に付く。このKaizen
には目標値はないという。

　問題はジョブ・コンビネーションである。実施主体である「IE
はオフィスにいてコンピューターで，例えば0.6人工の削減を考案
する。それで通常は会議室で職長と話し合う。そこでIEは各工程
の山積み表を示して，１人工を削減するために他の工程にどのよう
に要素作業を詰めるのかを職長にアドバイスする。職長は現場に出
て実施しようとする。だが，しばしば失敗に終わる。」「苦情処理に
かけるということもあるが，単にうまくいかないのだ。……IEは
時に職場に出かけていって隠れて計測することはあっても，労働者
と話し合うということはない。」（同上，192-193頁）。


### 軋　轢

　経営の一方的なジョブ・コンビネーションの実践は困難に満ちて
いる。この困難は，（ア）上に述べたIEによるジョブ・コンビネー
ション自体の実施可能性の低さの問題以外に，（イ）苦情処理をめ
ぐる労使関係管理の不備，（ウ）能率目標の特性と経営管理の杜撰
さ，これらすべてが一体となった根深い困難である。（ア）は述べ

たので，残る二つを述べる。

　（イ）労使関係管理の不備：IEが策定したジョブ・コンビネーションを職長が作業者に強制すると苦情処理手続きにかかる可能性が高い。職長と作業者当人＋組合役員の事前の話し合いが重要になる。そのため「チーム・ビルドに関する覚書」（ローカル協約，2003，61頁）は，「チームの作業に変更を加える前に，経営は日勤と夜勤の両シフトのチーム・ミーティングを活用して，作業者が変更についての意見を言い，変更をよく理解する機会を設けるものとする」と謳っている。だが，そうなるのは稀で，若い職長は話し合うことに柔軟であるが，「長く勤めた職長の中には専制的で頑固で妥協しない職長もいる」。苦情処理手続きにならざるを得ないケースが生ずる。

　（ウ）能率目標の特性と経営管理の杜撰さ：目標は経営独自の目標として存在するが，職場に秘匿され，一方的な実施で挫折することを上に述べた。これでは目標の意味がないのであるが，労働組合との雇用保障協定（2003年全国協約，205-227頁）のルールは能率達成を組み込んだ仕組みになっている。詳細の説明は紙幅の関係で省くけれど，2003年時点の在籍人員（1年未満の勤続年数を除く）を当初の雇用保障水準（Secured Employment Level）（＝当初SEL）として確定し，それを起点に，月次ごとの増減（増＝勤続が1年増えた在籍人員数，減＝自発的離職＋退職＋死亡数）を反映した現行SELを確定する。この現行SELに含まれる労働者を適格労働者（SEL-eligible employees）とする。他方，能率向上の視点からSELベンチマーク基準という概念を導入した。協約期限である2007年6月30日までに，当初SELの90％になるようなSELベンチマーク基準を毎年四半期ごとに設定する。現行SELがSELベンチマーク基準を上回っている場合には，自然減耗数2に対してレイオフ中の労働者からリコール1の割合で補

充する。[(12)]

　この２対１のルールのもとでは，SELベンチマーク基準を満たすだけの能率向上が達成できていない場合，人員が不足することになる。工数低減で満たすほかないというプレッシャーをかけることがこの制度の狙いである。ところが，工数低減が容易でないことは上にみた通りである。そこでどうするのか。

　経営管理の杜撰さというべきであるが，次のようなヒアリング記録がある。「経営の目標達成について留意点がある。それは目標通りにジョブ・コンビネーションをしなくてもよいということだ。」（石田・篠原，2014，201頁）。例えば，年末までに一つの組立職場に400人の人員の７％＝28人の工数低減が必要だとしよう。経営が操作できる人員として，①400人に対して８％で設定されている欠員補充要員32人，②25人のTC，③任命役員10名がいる。これらの人数を減らしてラインの仕事に戻らせることにより28人を捻出するというのである。目標の達成は12月末のスナップショットで把握され，１月にはまた元に戻る。このことを組合ローカルの執行部は「クリスマスの奇跡」と呼び，「毎年毎年そういうゲームが繰り返される」（同上，202頁）と言う。

　すでに管理機構自体のA工場の不備を述べたが，工数低減という最もハードルの高い課題について首尾よく遂行できるはずがなかった。以上はそのことをより具体的に辿ってみたに過ぎない。

　以上の記述も非常に煩瑣な記述になり，読者は読み進むのに苦労されたであろう。しかし，煩瑣な事実一つ一つにGMの工場管理の真相が詰め込まれており，ここをスキップしてはGMの雇用を概念化することも困難であり，そこから逆に照らし出される日本の雇用の特質も遂に概念化することは困難になる。[(13)]「真理は細部に宿る」

という格言のとおり，細部への愛着をもってこだわり続ける忍耐が
仕事論に求められているゆえんである。

---

（1）　この規制の背景として，各職場に「工程トレーナー」の0.5人工の設定，
　　「期間従業員」の充用，管理者の人事考課の一要素に部下の有給休暇取得
　　の完全実施が含まれていること等が総合的に考慮されなくてはならない。
（2）　GMの子会社サターンの参加体制については，Rubinstein & Kochan
　　（2001）を参照されたい。またGMのLinden事業所の参加体制をめぐる苦
　　難に満ちた職場状況はMilkman（1997）が優れている。
（3）　記述は2007年から2012年に行われたJ3工場の調査に基づいている。一
　　部はすでに石田他（2009）で紹介されているが，未発表の部分が多い。
（4）　コードが引かれる頻度は，1人の「チームリーダー」の管轄範囲（基本
　　は5工程，人員不足の場合は10工程）で順調なときでシフト当たり20回程
　　度，多いときには150回程度だという。
（5）　これは別枠で考えるのがよいけれど。
（6）　記述は主として石田・篠原（2014）による。
（7）　J3工場の調査に基づいている。このJ3工場調査はフォルクスワーゲン
　　との比較調査の一環として行われたが，その際の混流生産におけるライン
　　バランシングの最適化に関するヒアリングは中村圭介氏の適切な問いがな
　　くては叶わなかった。
（8）　集計される各アイテムは日々組長が終業時点でコンピューターに入力す
　　る。他方で，「今日は2万何千時間の相当（基準時間×台数）の車が流れ
　　ました」という数値情報も明らかであるので，翌日の3時には前日の生産
　　性が各組のパソコンに表示される。
（9）　このように工数低減には投資に依存する部分と現場の創意工夫による部
　　分とがあり，生産性指標としてはいずれもカウントされるが，原価計算で
　　は当然投資予算分は労務費削減とは区分されていると想定される。
（10）　1970年代までは保全と同じ組織にいたという。その後現場の改善に効果
　　があるので現場に近い組織になったという。
（11）　インタビューで労働組合役員に，我々が「日本ではそれができなかった
　　ら職長にはなれない」と言ったら，「そうか，それで職場で原価低減がで
　　きるわけか。アメリカではそういう事情がわかっていない」（石田・篠原，
　　2014，111頁）と語っていた。
（12）　現行SEL（＝適格労働者数）であるが，適格労働者には①生産量減に起

因するレイオフ労働者と②機械化と外注化に起因する労働者が含まれる。後者は保護従業員（Protected Employees）としてジョブバンクの所属とし賃金は100％支払われ，その間，自治体や学校のボランティア的業務に従事する。この賃金原資はGMが21億700万ドルを限度に会社が負担する。

（13）　1980年代後半から1990年代にかけて世界中で日本の自動車企業と自国の自動車企業との生産性の相違を論じた，いわゆる「生産システム論」が一世を風靡した。代表的な業績はWomack et.al.（1990）である。しかし，「煩瑣な事実一つ一つ」をわかろうとする態度が希薄であるために「生産システム論」は不毛な結果に終わったと思う。「生産システム論」全体への石田（2014b，24-35頁）の批判を参照されたい。

# 6 英国の仕事のルール

　自動車組立工場の日米比較という限られた比較から話をどこまで一般化できるかは難題である。賃金のルールについて英国を詳しく取り上げた以上，英国の仕事のルールが大まかにはA工場に類似した特徴をもつことを，文献研究から多少なりとも補足してみたい。[1]だが，管見の限りでは，仕事のルールを直截に観察した文献はなく，間接的に示唆を引き出すような記述にならざるを得ない。

## 1　会計管理優位の経営

　英国では1980年代以降，経営内での会計部門の優越と人事部門の地位低下が顕著になり，人事職能集団の利害からであろうが，人的資源管理論を通じた経営のパフォーマンスへの貢献を論証しようとする議論が目立つようになった。この文脈での議論の大筋は，経営管理制度（MSC＝Management Control Systems）のデジタル化が部門業績の会計データによる迅速な掌握を可能とし，「中堅経営層と監督層の責任が拡大し，彼らの上級経営層への説明責任が重くなった」（Kinnie, 1989, p.137）。だが，MSCが単に部門業績の結果の正確で迅速な掌握にとどまったのではMSCは経営のパフォーマンスの向上につながらない。この問題を克服するためには，「一連の人

的資源管理施策によって，中堅経営者や監督者が必要とする技能の習得を援助し，その技能を進んで活用するように促さなくてはならない」（同上，p.146）というものである。しかし，そうした訓練計画の有効な推進に立ちはだかる障害はおびただしいという。「上級経営者は新たなMSCに訓練計画が必要だということを自覚していないか，あるいはそんな時間はないと考えている。仮に訓練がなされるとしても中堅下層経営者と監督者の抵抗を克服することは困難であろう」（同上，p.148）と。責任拡大に伴う「職務の変化は企業内のこれまでの賃金構造に重大な変化をもたらす可能性が高い。……職務変化がかなりの範囲に及ぶようになると関連する職務全ての再評価の要請も強まるだろう」（同上，p.149）と。

　そして結論はこうなる。「新たなMSCは人的資源管理に要請している課題が認識されていないか，もしくは，MSCのきわめてテクニカルな技法習得に関してのみ取り組んでいるに過ぎない。……上級経営者は，おそらく外部からの圧力や資本の逃散の恐れなどからこの変化をやり切ろうと著しく気をもみ，あるいは少なくとも何かをやっていると外から見てもらえるように気をもんでいる。彼らは課題に気付いていただろうし，あるいは，人事部門の専門家がそのことを気付かせたであろうが，彼らの本当の気持ちは，そういう課題を考慮するには余りにも時間がないという議論であった。その議論は分かりやすく言えば，"まずMSCを進めてみようではないか，やってみて出てきた細かな問題はその時考えよう"というものだ。」（同上，p.152）。

　以上は，（ア）MSCが表面的な電子的な経理処理であること，（イ）訓練対象は現場の労働者を含まず，中堅経営者や監督者であり，かつその訓練も内実を伴っていないこと，（ウ）職務給と仕事

の変化との整合性が容易でないことを物語っている。（ア）仕事の
ガバナンス，（イ）労働アーキテクチャー，（ウ）報酬のガバナンス
が，先にみた米国のA工場に類似した固有のセットであり，固有の
制度的伝統であって，一朝一夕に変えられない制度であると解釈せ
ざるを得ない。

　Armstrong（1989）も同様に次のように述べている。1980年代ま
でに大企業の90％以上は予算的コントロールと財務的業績指標をも
つようになり，ラインマネジャーの報酬もこうした業績指標の達成
度にリンクするようになったが，このような状況のもとで，人的資
源管理の履行をラインマネジャーに委ねた場合，人的資源は短期的
な財務的業績指標の達成の道具になってしまい，人的資源管理は財
務的コントロールに従属するものになってしまうと嘆く（p.157,
164）。この慨嘆は，仕事のガバナンスが経理的コントロールでしか
ないこと，人材は単にコストであるような労働アーキテクチャーで
あること，経理的コントロールから距離をおいた報酬のガバナンス
が形成できていないことを物語っている。

## 2　英国進出日本企業

　英国への日本の進出工場は，進出先が現地の伝統的な工場地帯で
あると，日本の管理様式と現地の管理様式との「交渉と対立」の場
にならざるを得ない。既述したように（第3章第3節），Sharpe（2001）
の英国への日本の進出工場調査が発見した珠玉の事実は，英国工場
の「職長の行動」は「安全や品質が脅かされても生産量の達成がま
ず最優先される」「慣れ親しんできたやり方に頼」り，「自らが責任
を負っている短期的な生産量の達成にむしろ熱心」（p.214）である

という観察である。英国の慣れ親しんできた経営管理は、ガバナンス機構としてみれば、製造部門の（職長以下の）現場の管理指標は伝統的に生産量だけが管理指標であって、品質やコストは管理できていなかったのだ。工場の伝統的管理は、PDCAが職長層以下で回らなくてよいガバナンス機構である。日本の進出工場の本質的な困難は、日本の工場のPDCAが職場の末端まで浸透しているガバナンス機構と英国のテーラリズム的伝統との軋轢にあった。

---

（1）　英国賃金制度調査を実施した1986-87年の時点では私の調査方法に「仕事論」が備わっていなかった。やむを得ないことであるがそのことが悔やまれる。

# 第Ⅲ部

# 日本の雇用関係と「働き方改革」

　第Ⅰ部と第Ⅱ部は，概ね第二次世界大戦後から20世紀末の日本の成功をもたらし，その成功によって促進された日本の雇用関係の特質を，賃金のルールと仕事のルールから明らかにしたが，21世紀に入り日本の停滞が顕著になった。かつての成功物語はわかったが，今後どうしたらよいのかという問いは避けられないだろう。この問いに正しく答えることは無論私の能力を超えているし，冒頭に述べたように，好きなことではなかった。私にいえることは，「成功を過去のものとせずに，成功の遺産を活かした真直な議論を政労使各層で行う社会的対話運動が必要である」ということである。手ごたえのある対話運動のきっかけになれば，との想いから，敢えて第Ⅲ部は書かれる。

# 7 賃金と仕事のルールから雇用関係へ

　以上，仕事のルールが日本と英米でどのように違うかを述べた。この節では，仕事と賃金の交換様式としての雇用関係をどのように概念構成できるかを要約して示し，日本における「働き方改革」の議論の前提を固めたい。

## 1　賃金のルールと仕事のルールの相似性

　A工場（GM）の生産労働者一律の時給26.16ドルという簡潔極まりなき賃金ルールは，PDCAが職場に浸透し得ない仕事のガバナンス機構に見合ったものであり，PDCAを回そうとすれば経営管理の杜撰さが露呈する。他方，J工場の人事考課を伴う職能的賃金ルールは，PDCAが職場に浸透し得る仕事のガバナンス機構に見合ったものであり，PDCAの緻密な運用を可能とする。この賃金のルールと仕事のルールの一対の組み合わせが相似的であるということは，賃金のルールと仕事のルールとは交換関係であり，その関係は本質的に雇用関係の様式であることを示唆している。

## 2　労働アーキテクチャーを媒介にした雇用関係論へ

　賃金と仕事のルールの相似性を実態的に支えているのは，階層組織の目標達成のための担い手の配置様式である労働アーキテクチャーである。[(1)]

　賃金のルールと仕事のルールとの交換が本質的に雇用関係に他ならないことは，労働アーキテクチャーを媒介にした次の三点の説明に帰着する。[(2)]（ア）「仕事のルール」は仕事のガバナンスと労働アーキテクチャーとの関連性として表現されること，（イ）「賃金のルール」は報酬のガバナンスと労働アーキテクチャーとの関連性として表現されること，（ウ），「雇用関係」は労働アーキテクチャーを媒介とした「仕事のルール」と「賃金のルール」の交換関係として表現されること。

　（ア）「仕事のルール」：仕事のガバナンスの記号的表現であるPDCAのP（事業計画）は，最終的に単年度の収益目標を達成するために，販売金額を伸ばし，費用を最小化するための計画を価格によって要約したものである。しかし，価格での要約の背後には，製造拠点であれば，製造費用最小化と品質維持のための方策と実践が，販売拠点であれば，販売金額を最大化するための方策と実践が織り込まれている。この方策と実践は労働に翻訳されなくてはならない。その労働は知的労働（非定型的労働）と定型的労働を両極に，知的労働と定型的労働の比重を異にした一連続のグラデーションをもった階層的組織（＝労働アーキテクチャー）として具体化される。

　仕事のガバナンスは労働アーキテクチャーに事業計画達成のための課業を要請し，労働アーキテクチャーは要請された課業遂行の成

果を仕事のガバナンスにフィードバックする。この両者の関係性が「仕事のルール」に他ならない。

（イ）「賃金のルール」：報酬のガバナンスは労働アーキテクチャーが課業を受容する条件の枠組みを提供するものであるが，労働アーキテクチャーが知的労働と定型的労働の比重を異にした一連続のグラデーションをもった階層的組織であるために，課業受容条件の枠組みは，労働アーキテクチャー内部の労働の差異を識別する基準と方法を具備しなくてはならない。この枠組みのもとで働く人（もしくは集団）は課業を受容するに値する報酬との交換に合意する。報酬のガバナンスはこの合意を内包することによって，「賃金のルール」たり得る。

報酬のガバナンスは労働アーキテクチャーに課業遂行の受容条件を提供し，労働アーキテクチャーは課業遂行のプロセスと成果を報酬のガバナンスにフィードバックする。このような両者の関係性が「賃金のルール」に他ならない。

（ウ）「雇用関係」：仕事のガバナンスと報酬のガバナンスは労働アーキテクチャーを媒介にして，それぞれ「仕事のルール」と「賃金のルール」という記号的表現となり，「雇用関係」は「仕事のルール」と「賃金のルール」の交換関係として要約されることになる。

## 3　仕事のルールの観察なき雇用関係論への疑問

濱口（2021）は日本の雇用システムの「ジョブ型」と「メンバーシップ型」の相違を理路整然と説明している。この二つの雇用システムの相違が，より具体的な各論的分野にどのような特徴をもたらすのかをわかりやすく述べることに成功している。しかし，「ジョブ型」

の諸外国の雇用関係と「メンバーシップ型」の日本の雇用関係の相違を，仕事のルールと賃金のルールの交換様式の相違として理解するには至っていない。この点は雇用関係の理論的枠組みの要所であるが，この枠組みから外れると，日本の雇用関係の戦後の達成を軽視する傾斜をもつことになる。具体的には，日本伝統の「メンバーシップ型」雇用システムの内実は，「やる気」という規範意識（59頁），「態度としての能力」（126頁），「男性たちのガンバリズム」（202頁），「全人格的な会社への参加」（235頁），「間人主義的技能」（243頁）等々の多分に精神論的な理解の傾向が強くなる。この理解は，一面では（ア）日本の雇用関係が「取引なき取引」であることの弊害を精神面から的確に描くことになっていて重要な指摘であり正しいと思う。だが，他面（イ）「メンバーシップ型」雇用システムが獲得してきたメリットである，仕事のガバナンスの構築に成功した戦後的遺産の側面を十分にとらえられない理解にもなっている。「メンバーシップ型」雇用は規範意識や「態度としての能力」だけで説明が尽くされない経済的合理性をもっていた。この点の考察の軽視は，「働き方改革」が直面している難題の指摘に辿りつけないうらみを残すことになっている。

　濱口（2021）の副題でもある「正社員体制の矛盾と転機」に直面している日本にとっての目指すべき進路は，「メンバーシップ型」雇用システムが獲得してきた「仕事のガバナンス」による効率的な経営を毀損せずに，「メンバーシップ型」雇用システムが抱えてきた「取引なき取引」の弊害を克服するという，二律背反的課題へのチャレンジになるはずであるからだ。

（1）　青木（2011，第 2 章）は，組織アーキテクチャーという用語によって「投
　　　資家，経営者，労働者（一般的には，トップ・マネジメントを除いたすべ
　　　ての従業員を表す）」の「経営者・労働者の人的認知資産」と「投資家」
　　　の「物的資産」（29頁。括弧内は原文）からなる「諸資産間の認知的・技
　　　術的結合様式」（49頁）を表現しようとした。抽象度の高い理論モデルの
　　　構築に必要な簡略化であろうが，企業の経営過程のパフォーマンスの維持
　　　向上のための「認知資産」が，「トップ・マネジメントを除いたすべての
　　　従業員」の中で，どのような集団によって保有されているのかの仕方様式
　　　の相違が階層組織を雇用関係として記述するためには不可欠である。その
　　　仕方様式を本書では労働アーキテクチャーと呼称している。
（2）　以下は工場レベルに限定されていた観察をグローバル経営に拡張した
　　　『パナソニックのグローバル経営』（石田・上田，2022）の知見に基づいて
　　　いる。

# 8 日本の雇用関係の特質：欧米と日本

## 1 欧米と日本の雇用関係

### モデル日本とモデル欧米

上述した雇用関係のフレームワークに基づいて欧米と日本の雇用関係をモデル的に要約すると**表8-1**のようになろうか。簡単な説明をしたい。

（ア）仕事のルール：仕事のガバナンスと労働アーキテクチャーの関係性が仕事のルールを規定すると上に述べた。

モデル欧米の労働アーキテクチャーは，「計画と実行」が分離し，したがって，キャリアは階層的に断絶している。こうした分離は，経営層における専門職，ワーカー層におけるジョブという社会的に合意された職域区分が企業内の階層としてはめ込まれた結果である。この労働アーキテクチャーの社会的制度と規範を与件とせざるを得ないために，仕事のガバナンスは，日本のごときPDCAの全階層に浸透した運用を困難にしている。その結果，仕事のルールは専門職とジョブの（浸透的ではないという意味で，機械的な）結合による遂行にならざるを得ない。結果として課業は，事業計画からの演繹ではなく，専門職やジョブにあらかじめ規定された静態的な課業の集合となる。

表8-1　欧米と日本の雇用関係

| | 仕事のガバナンス<br>（仕事のルール） | 労働アーキテクチャー | 報酬のガバナンス<br>（賃金のルール） | 雇用関係 |
|---|---|---|---|---|
| モデル<br>欧米 | ・専門職もしくはジョブの結合（PDCAの運用の困難）<br>・静態的課業決定 | ・「計画と実行」の分離とキャリアの階層的分離<br>・専門職・ジョブの職域区分 | ・仕事（含職業的資格）基準 | ・取引の過剰 |
| モデル<br>日本 | ・PDCAの階層浸透的運用<br>・動態的課業決定 | ・「計画と実行」の結合とキャリアの階層的連続 | ・人（能力・役割）基準 | ・取引なき取引 |

　モデル日本は，欧米の労働アーキテクチャーのような専門職やジョブといった職域区分に関する社会的に合意された通念を欠いている。この社会的制約がないために，仕事のガバナンスは事業計画の達成に必要なPDCAの全階層に浸透した制度として構築することが可能になる。企業内の課業は，事業計画から演繹された動態的な課業の集合となり，その遂行にあたる労働アーキテクチャーは，PDCAが階層的に浸透した仕事のガバナンスに適合的な，「計画と実行」が統合された階層連続的キャリアの形態をとる。

　今これをわかりやすく図示すると図8-1のようになろうか。中央に日本企業の海外生産拠点（主としてアジア諸国の拠点）が含まれているが，左右のモデル日本とモデル欧米に注目されたい。[1]

　（イ）賃金のルール：報酬のガバナンスは労働アーキテクチャーに対して課業遂行の受容条件を枠組みとして提供すると上に述べた。

　モデル欧米の報酬のガバナンスは，労働アーキテクチャーの受容する課業が専門職制度やジョブの規定した静態的課業であるため，専門職であれば職業資格，ジョブであれば職務評価に基づく仕事へ

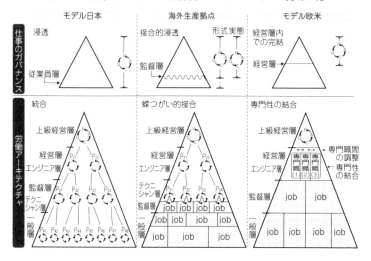

図8-1　仕事のガバナンスと労働アーキテクチャーの見える化

の値付けの仕組みに等しくなる。表8-1で仕事（含職業的資格）基準と記したゆえんである。

　モデル日本の報酬のガバナンスは，労働アーキテクチャーが仕事のガバナンスから演繹された動態的課業の遂行に適合的に構築されていることに対応して，動態的課業遂行の受容を安定的に確保するための，生産労働者を含めた，極めて緻密な制度構築にならざるを得ない。その制度構築は，「第Ⅰ部　第1章」で述べたように，人基準である「職務遂行能力」から，仕事の「役割」のサイズ・重要性・難易度等を基準にするようになった。仕事基準の方向に動いたといえないことはない。しかし，「役割」は社会的な基準ではなく，個別企業内の事業計画遂行にとっての「役割」であり，特定の「役割等級」に位置づけられるためには企業内のコンピテンシー（＝職務遂行能力）が問われる構造に変化はない。しかも第3章注（1）で示

唆したように，組織構成の基準は，職務の編成が基準ではなく，なお人が基準になっている。人があっての組織であり，その上で人に仕事が課せられるという構造に大きな変化はない。

（ウ）雇用関係：仕事のルールと賃金のルールの交換関係として雇用関係は表現されると上に述べた。

モデル欧米では交換関係は過度に取引的になる。専門職主義，徒弟訓練制度等の企業外部の制度が人材育成機能を握っているために，仕事のルールと賃金のルールは，労働市場制度を模写したガバナンスを余儀なくされ，組織内の交換関係は市場での労働力の売り買いを模写することになる。買い手の指揮命令権の行使と売り手の「働き方の抑制とより多くの賃金確保」との対立的な取引が雇用関係の特徴となる。雇用関係が取引関係になる原動力は人材育成機能の企業外部性にある。

モデル日本の交換関係は「取引なき取引」を特徴とする。専門職主義やジョブ概念が社会制度として成立していない日本では，仕事のガバナンス，労働アーキテクチャー，報酬のガバナンスを企業経営の要請に応じた首尾一貫した体系として設計・構築することを可能にした。その結果，仕事と賃金の交換は経営管理に埋め込まれ，取引として表現する制度的原動力を欠くことになり，取引を隠蔽するほどの私的秩序と規範意識が形成されてきた。[(2)]

### 固有の構造

大胆にモデル欧米とモデル日本の雇用関係の比較をしたが，それぞれが固有の制度であることはもはや説明を要さないと思う。制度の固有性について得た実感を逸話風に述べたいと思う。

私はGMの工場調査の「あとがき」に次のように記したことがあ

る。「A工場の苦闘から指南や教訓を引き出そうとすれば，内部労働市場の未発達，人材育成の不備を原因として，工場経営の困難を招来したという筋で事物を物語り，人材育成を行うことの重要性をGMに指南し，日本も人材育成を怠らないようにとの教訓を垂れる誘惑にかられはしまいか。……だがこの説明は表面的すぎてだめだと思う。……人材育成の前提条件に査定の導入があるとしよう。できるだろうか。できないのではないか。私たちが事実から聞き取ったことは"できるくらいなら誰も苦労しない"という声ではなかったのか。」（石田・篠原，2014，279-80頁）。

　ドイツの自動車産業を代表するVWの調査（2010〜2015年）は，残念ながら諸般の事情で公表ができない状況にある。逸話として記したい。この時期に「改善」を開始したこと，その内容は「各職場1週間」だけの改善であり，生産性向上目標は10％だという説明を聞いた。私には「どの職場も毎日毎日が改善であり永遠の終わりなき取り組みである」トヨタの経験に照らして，これは同じ改善でも全く違うと思った。案の定，VWの「改善」は物流等の専門職の経営者が机上でプランして現場に実施させることを「改善」と称していた。

　J工場の生産性向上の指標は，生産減のもとでは雇用保障との関係で投入労働量を比例的に減ずることができないので，生産性向上の達成値は例えば0.8程度になってしまうが，「毎月の原価会議があり，そのなかで今月は0.83でいきますと部長に報告すると，部長は『甘い，0.85で行け』と」叱咤激励され，職場はなおも改善に頑なに取り組み続ける。PDCAの生真面目な運用が職場レベルの雇用関係の精神的主柱になっているからである。

　かくして，日本モデルも欧米モデルも冷静な経済計算に基づく制

度選択の結果ではない。モデル日本の労働アーキテクチャーは，平易にいえば，労働者がキャリアを積むことに特徴があるが，モデル欧米には存在しない中位等級や上位等級に位置する労働者の肥大化が随伴する（本書128-129頁参照）。これによりJ工場で品質の作り込みが可能になり，検査工程での手直しの人員が大幅に節約できたとしても，それが果たして，労務費の節約になっているかは即断できない。そもそもいずれがコスト低減効果が高いのかは，誰も計算するものではない。制度は随意に選択可能なものではないからである。

　平凡ではあるが「改革」の実現可能性はそれぞれの持ち味を活かすことにしか宿っていない。

## 2　日本の雇用関係の明暗

　日本の雇用関係は「取引なき取引」として特徴づけられるが，この特性の中に日本の雇用関係の明暗の一切合切が詰まっている。

### 日本の雇用関係の歴史的遺産

　本来「取引」であるはずの雇用関係が「取引なき取引」になるということは，上述したように，仕事と報酬の交換が緻密な経営管理制度に埋め込まれ，この交換関係が取引になることを隠蔽することに成功したことを意味している。隠蔽の成功は，単に制度構築の緻密さだけではなく，秩序を維持・再生産する当事者の規範意識の形成の成功にまで及んだ。

　「取引なき取引」が日本の雇用関係の本質的特徴であることは，理屈で説得できるものではない。欧米の雇用関係の事実の記述に多

くの紙幅を割いたのは、「取引」関係でしか説明できない欧米の事実に驚愕することなしには、ついに日本の特徴を「わかった」ということができないからである。欧米の事実が伝えていることは、日本の雇用関係の「取引なき取引」が稀有な達成であるということではなかったのか。

### 日本の雇用関係の難点

仕事と報酬の取引が「取引でなくなる」状況は、PDCAの円滑な運行への阻害要因がなくなるということであり、具体的には、（ア）企業目的の達成に必要な課業の集合が緻密な経営管理によって演繹的に要請されモニターされる仕組みが存在し、（イ）要請される課業に高いコミットメントをもって励む従業員が存在し、（ウ）従業員個々の役割へのコミットメントに応じた報酬の決定が存在することである。この状況は平易にいえば、日本の正社員は「いつでも、どこでも、何でも、やり遂げる」ことが一律に求められ[3]（＝労働給付の規制が不可能な雇用関係を余儀なくされ）、相互に競争する関係におかれることを意味する。ワークライフバランスの確保、多様性の許容、社会的不平等の是正というパースペクティヴからすれば、日本の雇用関係の難点は明らかである。

---

（1）　図中の中央の欄に海外生産拠点があるが、これは日本のグローバル企業が国内から移転したアジアでの生産拠点の仕事のガバナンスと労働アーキテクチャーをモデル的に示したものである。ここにはモデル日本の海外現地生産に伴う日本のグローバル企業にとっての学習プロセスが反映されている。詳細は石田・上田（2022, 579頁）を参照されたい。

（2）　ここでの「取引なき取引」という特徴づけは、日本の人事管理システム（＝「メンバーシップ型雇用」）を、佐藤（2022）が「社員には、担当する

業務や職場を選択する権利がない」「人事権の在り方」として特徴づけたことと共鳴する。こうした企業の「人事権の在り方」は，雇用関係が「取引なき」雇用関係であることと表裏の関係である。

（3）　寺井基博同志社大学社会学部准教授の一般社団法人国際産業関係研究所月例研究会（2022年12月4日報告）での発言。至言である。また寺井（2022，28頁）も参照されたい。

# 結 「働き方改革」のためのソーシャル・ダイアローグ（社会的対話）

## 1 「改革」をどうとらえるべきか

「序」で述べたことの繰り返しになるが，「働き方改革」は，戦後日本の雇用関係の稀有な達成に対する自己批判としての「改革」であるから，この改革は無論難題である。それゆえ，労使当事者が法的コンプライアンスを維持する最小限の落としどころを探るのが無難であると考えるのも自然な成り行きである。

他方，「改革」の原動力が脱イデオロギー的性格であることに重要な意味があるように思う。繰り返しになるが，「子どもの保育園への送り迎えができなくて困ります」という家庭生活のごくありふれた要望に企業が拒絶をもって応じることは，「企業中心主義的社会」規範へのイデオロギー的批判に対する峻拒に比べて，はるかに困難である。人間として恥ずかしいからである。

生活のニーズにもっぱら立脚した脱イデオロギー性は，新しい時代を覆う精神であり，「働き方改革」の進展にとって静かではあっても持続的な動力源になっている。

## 2　試論的提案：「取引を通じた合意」の雇用関係へ

　戦後日本の雇用関係の稀有な達成は「取引なき取引」を可能とした私的秩序形成に向けての企業別労使の組織能力にあった。

　「働き方改革」はこの組織能力を活かして，日本の雇用関係がもつ弊害である「取引なき取引」を「取引を通じた合意」の雇用関係に進化させる「改革」の途を辿るほかないのではないか。

　以下の試論は，労働組合が組織されている大企業の企業別労使関係の「改革」を焦点にしている。読者には著しく偏った提案に映るかもしれない。だが，この偏りもやむを得ない偏りである。日本の雇用関係の戦後的遺産であるところの「取引」を隠蔽するほどの私的秩序形成の牙城は大企業の企業別労使関係である。ここで「取引」を蘇生できるか否かが「改革」の成否を決するからである。

　改革はいずれの国にあっても，国々の雇用関係の制約と利点を併せもった固有の経路を辿る以外にない。ジョブやプロフェッションが社会的制度として成立していない日本で，「同一労働同一賃金」や「多様な働き方の受容」を達成する上で，それらに代替できる制度的資源は，私的秩序形成能力の高さをおいて他にないだろうと思われる。無論，企業別労使関係の限界を踏まえ，社会的ルールの緩やかな共進（同時進行）に影響を与えるような企業内ルールの形成に留意すべきであるが。

　以下は，日本の雇用関係の経路依存性を踏まえた社会的対話のためのアジェンダである。

## 達成すべき雇用関係

　日本の雇用関係における「労働給付⇔報酬」の取引は，「労働給付⇔報酬（人事考課，昇格，昇進）」という交換の形式はあるものの，その内実は経営の裁量的行動がほぼ通用する取引の片務的性向が深く浸透した「取引なき取引」であった。それは否応もなく，「報酬（人事考課，昇格，昇進）」と引き換えに「制約なき労働給付の受容」が慣習化する取引であった。この取引のもとでは，多くの女性労働者のみならず，生活があって労働があるという当たり前のことを大切にする多くの人々にとって働くことそれ自体がプロブレムになる。「制約なき労働給付⇔報酬（人事考課，昇格，昇進）」という伝統的な取引のみでなく，誤解を恐れずにいえば，「労働給付の制限⇔賃金の制限」という取引の選択を，組織として公認された取引のオプションとして定着させる必要がある。[1]

## 実体的ルールの形成（働き方と処遇のメニュー化）

　勤務地の限定や労働時間の限定に代表される「限定された働き方」を個々人が選択可能にするためには，「限定された働き方」と「賃金の制限」の組み合わせをメニュー化して組織内の公認されたルールとして規定する必要がある。「限定された働き方」の選択が当人の「わがまま」ととらえられかねない組織規範を克服するためには欠かせない措置である。

　このメニュー化を粗雑であることを恐れずにスケッチしたものが表結-1である。留意点は次の諸点である。

　（ア）企業内の「働き方」を識別し区別する次元には，①「同一労働」の識別・区分と②「私生活の犠牲」の程度の識別・区分の二つがある。①は「第Ⅰ部　第1章」で述べた賃金のルールに表現さ

れているはずである。常識的に考えて、「同一労働同一賃金」という言葉に込められた意図は、正規社員と非正規社員における賃金格差が「不合理」か否かを識別し「不合理」であれば「合理性」のある格差に是正することであろう。この常識論に立てば、まず正規社員内部の賃金格差が何を基準に設定されているかを確認しなくてはならない。その正規社員内部の賃金格差設定の基準は戦後の歴史的経過の中で秩序として形成されてきた賃金のルールに求める以外にない。「第Ⅰ部　第1章」で述べたように、その基準は（職能等級、職能給に具体化される）「職務遂行能力」から「役割」の重要性へと推移して今日に至っている。この「役割」基準は仕事のガバナンスであるPDCAのPのサイズや重要性に実質的な根拠をもつ。P自体の重要性がなお十分にvisibleでないとすれば、それを紛れもなく識別する手段はPDCAの階層的に配置されたC（＝チェック；Pのモニタリングのために階層的に配置された「会議」もしくは「話し合いの場」）への参加の有無である。(2)こうした正規社員の賃金格差の基準を非正規社員に適用した際に浮かび上がる「不合理」（非正規社員が定型業務以外にPの達成を担ったり、Cへの参画を義務づけられたりしているにもかかわらず、同等の「役割」を担う正規社員の基本給水準、賞与水準が非正規社員に支払われない「不合理」）は是正されるべきであろう。これが常識の命ずる判断である。

　②は、賃金を単に労働の差異に対応するものとして考える賃金論ではなく、生活への負担・私生活の犠牲を補償するものとしての賃金論に基づく。この②は「同一労働同一賃金」論から欠落しがちな次元であるが、生活のニーズにもっぱら立脚した脱イデオロギー性を動力源とする今次の「改革」には欠かせない次元である。

　（イ）「限定された働き方」のメニュー化の焦点は、表結-1の網

表結-1　働き方と処遇のメニュー化

| 労働の区分 | 区分基準 | 正規社員 | | | 非正規社員 | 処遇反映 |
|---|---|---|---|---|---|---|
| 同一労働 | 社員等級 | 役割等級（PDCA の P の重要性）<br><br>P₁ P₂ P₃ P₄ P₅ P₆ P₇ P'₇ | | | PDCA なし | ・正規社員には社員等級に応じた基本給と賞与<br>・非正規社員には時間給 |
| 私生活の犠牲 | 労働時間 | Exempt | | | | 役割手当 |
| | | | 所定労働時間＋残業 | | | 残業手当 |
| | | | ◎所定労働時間 | | | 時間比例の基本給と賞与 |
| | | | ◎短時間 | | | |
| | 勤務地 | 世界・国内 | | | | 勤務地手当 |
| | | 国内 | | | | 勤務地手当 |
| | | ◎地域・自宅 | | | | ― |

掛けの四つの箇所（①正規社員と非正規社員の境界，②所定労働時間のみの労働時間，③短時間〔所定労働時間以下〕の労働時間，④勤務地の地域・自宅への限定）に現れる。この四つのうち，②③④は，労働時間の限定と勤務地の限定に即した選択のメニューであるが，①は職務，労働時間，勤務地の限定がなされている非正規社員という雇用区分の一定割合の人々が，事実上，PDCAに統御された課業の遂行に従事している「不合理」の所在を示している。表結-1ではP₇とP'₇がそれに該当する。P'₇からP₇への正規社員への転換には本人の意思を前提とした選抜が制度化されつつある最近の先進的事例を模写してP₇のみを正規社員にくくった。「同一労働同一賃金」の最重要の課題領域である。[3]

補足：「同一労働同一賃金」論議への感想

「同一労働同一賃金」の焦点は正規社員と非正規社員の賃金格差

にある。特に基本給と賞与の格差問題である。表結-1のP'₇の非正規社員の処遇が「不合理」であると認められるためには，法律と指針に照らして実務的に何が必要であるのかを考える必要がある。指針は「『通常労働者と短時間・有期雇用労働者との間で将来の役割期待が異なるため，賃金の決定基準・ルールが異なる』等の主観的又は抽象的な説明では足りず，賃金の決定基準・ルールの相違は，通常の労働者と短時間・有期雇用労働者の職務の内容，当該職務の内容及び配置の変更の範囲その他の事情のうち，当該待遇の性質及び当該待遇を行う目的に照らして適切と認められるものの客観的及び具体的な実態に照らして，不合理と認められるものであってはならない」（指針脚注部分）と謳っている。文章は非常にわかりにくいが，常識的な読解からすれば，正規，非正規の処遇格差が不合理でない条件は「当該待遇を行う目的に照らして適切と認められる」格差であること，またその格差が「客観的及び具体的な実態に照らして，不合理と認められるもの」でないことが条件になる。この指針脚注部分は，上述した常識論のもつ常識的な改革を回避するための文言であり，従来の「通常労働者」と「短時間・有期雇用労働者」の賃金格差を保守する意図があると読める。

　一連の「働き方改革」法の精神が，働き過ぎの是正や社会的不平等の是正であるとすれば，（ア）格差のある待遇を「適切とする目的」自体が本当に社会的公正に照らして妥当であるかどうか，といった目的自体を問い，労使が納得し合意することが不可避となる。また，仮に「目的に照らして適切と認められる」格差であっても，（イ）その格差が「客観的及び具体的な実態に照らして，不合理」でないことをどのように識別するかの具体的方法が問われなくてはならない。（ア）の目的自体の検討は短時間・有期雇用労働者を含めた労

使間の協議に委ねられるべき事柄であろう。これは「取引を通じた合意」の雇用関係改革に連なる課題である。（イ）の具体的な識別方法は，日本の雇用関係のフレームワークの「仕事のガバナンス」と「労働アーキテクチャー」に即した実態的な根拠づけなしには困難な識別であろう。これは近年の「同一労働同一賃金」「ジョブ型賃金」がもっぱら人事管理の問題として論じられ，人事管理の前提となる「仕事のガバナンス」「労働アーキテクチャー」が本格的に論じられてこなかった研究上の問題に起因する。人事管理研究を雇用関係研究として拡充しないと「働き方改革」法の精神を社会的公正の実現に連関させることは困難である。

## 手続きルールの形成

労働時間や勤務地についての限定的な働き方を履行可能で持続可能にするためには，いくつかの手続きルールを合意する必要がある。（ア）個々人が「気兼ねなく」選択できる労働者の権利として，規則（就業規則，労働協約）にその旨を明記する必要がある。（イ）他方，経営としても労働者の権利の主張を制限し得る余地があることを規定しておく必要がある。（ウ）具体的な運用手続きとしては，期首の目標面接シートに，チャレンジ目標のみならず，本人が労働時間と勤務地を記入する欄を設け自主申告するようにする。（エ）労働時間の部門での集計が所要の労働時間総量に満たない場合は，対応策を労使協議会での協議に委ねる。対応策には，各自の労働時間選択の調整のための再度の話し合い，追加的採用（正規と非正規）等が含まれるだろう。勤務地の限定も含めていえば，多様な働き方をルールにまで落とし込んでいけば，必ず企業の人員計画に影響を与え，事業計画に影響を与える。その影響を織り込んだ事業計画で

なくてはならないだろう。（オ）その制約のもとで企業の業績をいかに確保するのかといった根本的な課題に取り組む必要がある。この根本的課題は，階層的に展開しているPDCAというガバナンス機構に正対した労使協議制度の内実の強化と運用の活性化なしには不可能な課題となるはずである。[6]

この手続きは働き方をめぐる「取引なき取引」を「取引を通じた合意」の関係に扉を開き，事業計画の月次の展開に密接に絡んだ取引になるため，「取引を通じた合意」の関係が日常的かつ恒常的に織り込まれた雇用関係への転換を始動させる契機となる。


## 漸進主義

このような「改革」は果たして実現可能なことなのか。無理ではないのかという声が直ちに聞こえてきそうである。だが，無理だから何もしなくてよいのか。「第Ⅰ部　第1章」で1960年以後の10年間，日本の賃金のあるべき姿について，熱い議論があったことを紹介したが，過去30年に及ぶ日本経済の停滞と，賃金水準の停滞と労働組合の存在意義の低下等々が続いた挙句，政府主導の「働き方改革」は労使自治への不信の表明であるにもかかわらず，労使当事者の熱い議論がないことをどう理解したらよいのか。

この間，企業経営は「企業戦略」重視に大きく傾斜し，「経営過程」は「企業戦略」に従属する方向が際立ってきた。実際，米国は80年代までに顕著になった「経営過程」の劣位を戦略優位の経営（研究開発部門の本国での掌握と生産部門の海外への外部化）によって一挙に克服した。[7]こうしたグローバル競争の質的変化をうけて，日本の比較優位を支えた「経営過程」は企業間競争で副次的な地位におかれるようになったことが「働き方」に関する議論の熱量を下げたよう

に思う。

　しかし，「経営過程」のない「企業戦略」はあり得ないし，労働のない戦略はあり得ない。こうしたグローバル競争ゲームのルール変更を直視し，戦略の経営過程への翻訳を通じた「働き方」の改革に関する対話を可能にする条件は何か。

　第一に，成功しすぎた私的秩序形成が，管理化された「取引なき取引」の雇用関係を生み，働く人々相互の同調圧力によって個々人のニーズの主張が自主規制されてきたことを虚心にかえりみることである。第二に，私的秩序形成の達成が労使間の協力的規範形成にまで連なったとすれば，その達成は「取引を通じた合意に基づく」ルール形成に向けての真摯な労使対話の始動に転換し得る性格をもつこと，このことを労使が確信し合うことである。だが１社だけでは舵を切れない。だからこそ，第三に，経営者団体，労働組合の全国から地域，産業，企業レベルに至る，あらゆるレベルで，達成すべき雇用関係をめぐる本格的で総括的な社会対話運動の推進が不可欠な条件になる。

　「仕事をして賃金をもらって」生活するという勤労者の平凡な事実を「よくわかるように」なりたいという希望からはじめた，たどたどしい私の勉強の足取りに最後まで根気強くお付き合いいただいた読者の方々に感謝いたします。

---

（１）　他方で，DX対応の人材確保は世界市場での賃金相場に見合った報酬が必要になり，既存の賃金水準を大幅に上回る報酬に対して，組織改革を含めた合意形成が必要になる。
（２）　階層組織にはラインとスタッフの社員区別があるが，ラインは本文のよ

うな識別が可能であるが，スタッフは必ずしもPDCAから演繹されたPに統御されているわけではない。そのスタッフをどのように役割等級上に位置づけるかは職場の秩序観に依存する。その具体例は石田・上田（2022，379頁）を参照のこと。

（3） 正規社員の「職務の限定」は表結-1に組み込まれていない。その理由は，「職務の限定」というよりは「担当する職務や職場の変更は，社内公募など本人の希望を前提に決定」（佐藤，2022，13頁）する仕組みの導入としたほうが適切であるからである。「職務の限定」を何故積極的に「限定された働き方」の一つとして取り上げないかといえば，正規社員はPDCAに統御された課業の遂行をしているので「職務の限定」はなく，PDCAに統御されない非正規社員にのみ「職務の限定」があるので，「職務の限定」の有無は「限定された働き方」の指標というよりは，正規社員と非正規社員の雇用区分の指標と同義になってしまうからである。ただし，この点については実情を踏まえた考察が必要である。

（4） 短時間労働者及び有期労働者の雇用管理の改善等に関する法律（令和元年6月5日法律第24号），短時間・有期雇用労働者及び派遣労働者に対する不合理な待遇の禁止等に関する指針（平成30年12月28日厚生労働省告示430号）。

（5） 倉重（2021）は「正規非正規の……役割の違いを具体的に述べるためには，……人事評価項目により具体化された役割の違いに基づき，賃金の決定基準・ルールの違いそのものが『不合理ではない』ことを論証することが必要となり，役割期待の相違が具体的に説明できれば，基本給（さらにこれと連動する賞与・退職金）の相違についても説明され得るという関係にある」（39頁）と述べる。労働実態の格差構造の究極的表現物が「仕事のガバナンス」と「労働アーキテクチャー」の様式にあることを，この法的議論は見逃している。給与制度，人事考課は文書化されているけれど，仕事のガバナンスは同程度に文書化されていないことが司法的議論に影響を与えている。だが単に文書化の程度といった技術的理由を越えて，文書化という言語による表現は，主張者にとって都合のよい実態を示唆する言語の組み立てになるのが人の常である。言語表現の主観性を乗り越える，実態の表現である「仕事のガバナンス」と「労働アーキテクチャー」の様式への着目の重要性がここにはある。

（6） 石田（2018b，8頁）。

（7） 立本（2017）を参照のこと。

# 引用参考文献

青木宏之，2022，『日本の経営・労働システム―鉄鋼業における歴史的展開―』ナカニシヤ出版。

青木昌彦，2011，『コーポレーションの進化多様性』NTT出版。

石田光男，1986，「日本鉄鋼業の労使関係―Ｂ製鉄所の事例調査―」東京大学社会科学研究所『社会科学研究』第38巻２号。

石田光男，1989，「日本鉄鋼業の労使関係（２）―Ｂ製鉄所の事例調査―」『評論・社会科学』No. 38。

石田光男，1990，『賃金の社会科学―日本とイギリス―』中央経済社。

石田光男，1992，「十条製紙の職務給の変遷（上）」『評論・社会科学』No. 44。

石田光男，1995，「日本鉄鋼業の労使関係（３）―Ｂ製鉄所の事例調査―」『評論・社会科学』No. 51。

石田光男，2000a，'The Transition of the Industrial Relations in Great Britain in the mid-1980s―Interviews with the Personnel Managers in 1986-87-（１）'『評論・社会科学』No. 61。

石田光男，2000b，'The Transition of the Industrial Relations in Great Britain in the mid-1980s―Interviews with the Personnel Managers in 1986-87-（２）'『評論・社会科学』No. 62。

石田光男，2003，『仕事の社会科学』ミネルヴァ書房。

石田光男，2012，「労使関係論」『日本労働研究雑誌』No. 621。

石田光男，2014a，「日本の賃金改革と労使関係」『評論・社会科学』No. 109。

石田光男，2014b，「雇用関係の理論と方法のために」埼玉大学経済学会『社会科学論集』第143号。

石田光男，2017，「『同一労働同一賃金』の『同一労働』とは何か」国際経済労働研究所『国際経済労働研究』Vol. 72, No. 8, 通巻1072号。

石田光男，2018a，「事例調査の方法的・理論的課題」『社会経済史学』第

84巻第2号。

石田光男，2018b，「『働き方改革』と労使関係の課題」『連合総研レポート DIO』No. 341。

石田光男，2020，「賃金─金銭的報酬」労務行政研究所編『企業競争力を高めるこれからの人事の方向性』(『労政時報』4000号記念)，労務行政。

石田光男，2021，「書評:小川慎一『日本的経営としての小集団活動』」『大原社会問題研究所雑誌』第758号。

石田光男・藤村博之・久本憲夫・松村文人，1996，『自動車企業の労働と人材形成』(JIL資料シリーズNo.58)，日本労働研究機構。

石田光男・藤村博之・久本憲夫・松村文人，1997，『日本のリーン生産方式─自動車企業の事例─』中央経済社。

石田光男・小野晶子・鷲見淳・富田義典・三谷直紀・山下充，2007，『自動車産業の労使関係と国際競争力』労働政策研究・研修機構『労働政策研究報告書』No. 76。

石田光男・樋口純平，2009，『人事制度の日米比較』ミネルヴァ書房。

石田光男・富田義典・三谷直紀，2009，『日本自動車企業の仕事・管理・労使関係』中央経済社。

石田光男・寺井基博編著，2012，『労働時間の決定』ミネルヴァ書房。

石田光男・篠原健一編著，2014，『GMの経験』中央経済社。

石田光男・山田健介訳，2017，オリバー・E・ウィリアムソン『ガバナンスの機構』ミネルヴァ書房。

石田光男・上田眞士編著，2022，『パナソニックのグローバル経営』ミネルヴァ書房。

宇田川勝・佐藤博樹・中村圭介・野中いずみ，1995，『日本企業の品質管理』有斐閣。

梅崎修，2021，『日本のキャリア形成と労使関係』慶應義塾大学出版会。

小川慎一，2020，『日本的経営としての小集団活動』学文社。

楠田丘・平井征雄，1986，『人事スタッフが推進する職能資格制度』中央経済社。

熊沢誠，1976，『国家のなかの国家』日本評論社。

倉重公太朗編著代表，2021，『[日本版] 同一労働同一賃金の理論と企業対

応のすべて』労働開発研究会。

小池和男，2013，『強い現場の誕生』日本経済新聞社。

佐藤博樹，2022，「『ジョブ型雇用』を巡る議論をどのように理解すべきか」
『日本労働研究雑誌』No. 739。

佐野嘉秀，2021，『英国の人事管理・日本の人事管理』東京大学出版会。

総評調査研究所，1961a，『これからの賃金体系闘争―総評賃金専門家会議
議事録―』（総評調研シリーズ　第20集）。

総評調査研究所，1961b，『横断賃率論とその批判』（総評調研シリーズ
第21集）。

総評調査部，1962，『賃金綱領と横断賃率―第二回賃金綱領研究集会議事
録―』（総評調研シリーズ　第24集）。

高橋伸夫，2004，『虚妄の成果主義』日経BP。

立本博文，2017，『プラットフォーム企業のグローバル戦略』有斐閣。

田中慎一郎，1984，『戦前労務管理の実態―制度と理念―』日本労働協会。

田中博秀，1983，「連載インタビュー　日本的雇用慣行を築いた人達＝そ
の三　元・十條製紙副社長　田中慎一郎氏にきく（１）」『日本労働協
会雑誌』No. 289, 1983年5月。

寺井基博，2020，「仕事論の法的意義―労働契約と私的秩序の関係―」樋
口純平・西村純編著『雇用関係の制度分析』ミネルヴァ書房。

寺井基博，2022，「日本的ジョブ型雇用の行方」同志社大学社会学会『評論・
社会科学』No. 142, 21-37頁。

戸塚秀夫・菊池光造・石田光男，1985，『イギリス労使関係の実態調査（Ⅱ）』
東京大学社会科学研究所調査報告　第20集。

戸塚秀夫・兵藤釗・菊池光造・石田光男，1987，『現代イギリスの労使関
係（上）―自動車・鉄鋼産業の事例研究―』東京大学出版会。

戸塚秀夫・兵藤釗・菊池光造・石田光男，1988，『現代イギリスの労使関
係（下）―自動車・鉄鋼産業の事例研究―』東京大学出版会。

中村圭介，2020，「労使関係論の革新―自動車工場調査三部作を素材に―」
樋口純平・西村純編著『雇用関係の制度分析』ミネルヴァ書房。

日経連，1955，『職務給の研究』。

日経連，1964，『賃金近代化への道―年功賃金から職務給へ―』。

日経連，1969，『能力主義管理』。

濱口桂一郎，2021，『ジョブ型雇用社会とは何か』岩波新書。

三吉勉，2023，『個別化する現代日本企業の雇用関係―進化する企業と労働組合の対応―』ミネルヴァ書房。

Agreements., 1985, Agreements between Talbot Motor Company Limited and The Trade Unions representing Manual Employees 1985/1986.

Armstrong. P., 1989, 'Limits and possibilities for HRM in an age of management accountancy,' in John Storey ed. *New Perspectives on Human Resource Management*, Routledge.

Brown, W., 1973, *Piecework Bargaining*. Heinemann Education Books,

Brown, W. & Wright, M., 1994, 'The Empirical Tradition in Workplace Bargaining Research,' in *British Journal of Industrial Relations*, Vol. 32 No. 2 .

Dunlop, J. T., 1958, *Industrial Relations Systems*, Southern Illinois Press.

Edwardes, M., 1983, *Back from the Brink*, Collins.

Edwards, P. ed., 2003, *Industrial Relations: Theory & Practice*, Second Edition, Blackwell.

Freetwood, S., & Hesketh, A., 2010, *Explaining the Performance of Human Resource Management*, Cambridge University Press.

Gibbs, M. & Hendricks, W., 2004, 'Do Formal Salary Systems Really Matter?,' *Industrial & labor Relations Review*, Vol. 58, Issue 1.

Gould, S. Jay., 1987, *An Urchin in the Storm*, New York. Norton.

Gordon, A., 1998, *The Wages of Affluence: Labor and Management in Postwar Japan*, Harvard University Press.

Hall, P. & Soskice, D., 2001, *Varieties of Capitalism: The Institutional Foundations of Comparative Advantages*, Oxford University Press.

Inagami Takeshi & Whittaker, D. H., 2005, *The New Community Firm: Employment, Goverenance and Management Reform in Japan*, Cambridge University Press.

Kaufman, B. E., 1993, *The Origins and Evolution of the Field of Industrial Relations in the United States*, ILR Press.

Kinnie, N., 1989, 'Human resource management and changes in management control systems,' in John Storey ed. *New Perspectives on Human Resource Management*, Routledge.

Marsden, D., 1999, *A Theory of Employment Systems*, Oxford University Press.

Milkman, R., 1997, *Farewell to the Factory*, University of California Press.

National Board for Prices and Incomes, 1968, *Report No. 65, Payment by Results Systems*, Cmnd. 2627.

Rubinstein, S. A. & Kochan, T. A., 2001, *Learning from Saturn*, Cornell University Press.

Sharpe, D. R., 2001, 'Globalization and Change: organizational continuity and change within a Japanese Multinational in the UK,' in Glenn Morgan, Peer Hull Kristensen, and Richard Whitley ed. *The Multinational Firm: organizing across institutional and national divides*, Oxford University Press.

Whitley, R., 1999, *Divergent Capitalism: The Social Structuring and Change of Business Systems*, Oxford University Press.

Williamson, O. W., 1996, *The Mechanism of Governance*, Oxford University Press. (邦訳：オリバー・E・ウィリアムソン／石田光男・山田健介，2017, 『ガバナンスの機構』ミネルヴァ書房)

Womack, J. P., Daniel, T. J. & Daniel, R., 1990, *The Machine That Changed The World*, Rawson Associates. (邦訳：ジェームズ・P. ウォマック，ダニエル ルース，ダニエル・T. ジョーンズ／沢田博訳，1990, 『リーン生産方式が，世界の自動車産業をこう変える』経済界)

# 人名索引

# 事項索引

## あ 行

## か 行

〈著者紹介〉

石田光男 (いしだ・みつお)

1949年生まれ

東京大学経済学部卒業。東北大学大学院経済学研究科修士課程修了，東京大学大学院経済学研究科博士課程単位取得満期退学（博士経済学 東京大学）。同志社大学文学部社会学科教授，社会学部教授を歴任。1998年社会政策学会奨励賞（『日本のリーン生産方式』），2003年社会政策学会学術賞（『仕事の社会科学』），2009年平成21年度労働関係図書優秀賞（『日本自動車企業の仕事・管理・労使関係』），令和4年度沖永賞（『パナソニックのグローバル経営』）

現　在：同志社大学名誉教授，国際産業関係研究所所長

主　著：『パナソニックのグローバル経営』（共編著）ミネルヴァ書房，
　　　　2022年
　　　　『労働時間の決定』（共著）ミネルヴァ書房，2012年
　　　　『ＧＭの経験』（共著）中央経済社，2010年
　　　　『人事制度の日米比較』（共著）ミネルヴァ書房，2009年
　　　　『仕事の社会科学』ミネルヴァ書房，2003年
　　　　『日本のリーン生産方式』（共著）中央経済社，1997年
　　　　『賃金の社会科学』中央経済社，1990年
　　　　『現代イギリスの労使関係（下）』（共著）東京大学出版会，1988年

訳　書：オリバー・E・ウィリアムソン『ガバナンスの機構』（共訳）ミネルヴァ書房，2017年
　　　　ほか著作論文多数

Horitsu Bunka Sha

## 仕事と賃金のルール
### ――「働き方改革」の社会的対話に向けて

2023年10月15日　初版第1刷発行

著　者　石田光男

発行者　畑　　光

発行所　株式会社 法律文化社

〒603-8053
京都市北区上賀茂岩ヶ垣内町71
電話 075(791)7131　FAX 075(721)8400
https://www.hou-bun.com/

印刷：西濃印刷㈱／製本：㈲坂井製本所
装幀：白沢　正

ISBN 978-4-589-04296-5

©2023 Mitsuo Ishida Printed in Japan

乱丁など不良本がありましたら、ご連絡下さい。送料小社負担にて
お取り替えいたします。
本書についてのご意見・ご感想は、小社ウェブサイト、トップページの
「読者カード」にてお聞かせ下さい。

JCOPY 〈出版者著作権管理機構 委託出版物〉

本書の無断複写は著作権法上での例外を除き禁じられています。複写される
場合は、そのつど事前に、出版者著作権管理機構（電話 03-5244-5088,
FAX 03-5244-5089, e-mail: info@jcopy.or.jp）の許諾を得て下さい。

久本憲夫・玉井金五編〔社会政策Ⅰ〕

## ワーク・ライフ・バランスと社会政策

A 5 判・318頁・3520円

現代の企業社会の諸問題——長期安定雇用，賃金処遇，査定と昇進，労働時間，男女共同参画，職業能力開発，最賃——について，歴史をふまえたうえで今日の到達点と課題を提示。精緻な労働運動史から社会政策の動態を知る。

---

村上 文著

## ワーク・ライフ・バランスのすすめ

A 5 判・160頁・1870円

いま，なぜ「ワーク・ライフ・バランス（仕事と生活の調和）」なのか。官民あげて推進することとなった背景や実践方法について基本データや先駆的な事例を挙げて概観し，普及のための視座と作法を提供する。

---

三柴丈典著

## 労働者のメンタルヘルス情報と法
—情報取扱い前提条件整備義務の構想—

A 5 判・302頁・6820円

労働者のメンタルヘルス情報の取扱いをめぐる諸問題について関係法規および法理・学説を整理し，諸問題を理論的に解明。メンタルヘルス情報の取扱い適正化のための法理論構築へ向け，論証を試みる。

---

本久洋一・小宮文人・淺野高宏編

## 労 働 法 の 基 本〔第 2 版〕

A 5 判・318頁・2860円

法学部生を主軸に，学生全般が対象のワークルール入門にも対応した標準的テキスト。法制度の意義・要件・効果を解説し，重要判例も取り上げる。働き方改革関連法施行にともなう動向や新たな労働立法・裁判例を補訂。

---

道幸哲也・加藤智章・國武英生編
〔18歳から〕シリーズ〕

## 18歳から考えるワークルール〔第 2 版〕

B 5 判・116頁・2530円

仕事を探し，働き，辞めるまでのさまざまな局面における基礎的知識と法的・論理的思考を習得する。法改正や新たな動向をふまえ補訂するとともに，各章末に理解度チェック Q&A を QR コードで添付。

—法律文化社—

表示価格は消費税10%を含んだ価格です